高职教育服务区域经济发展评价指标体系的建构研究

韩 丹 著

中国纺织出版社有限公司

内 容 提 要

本书是高职教育与区域经济发展研究类专著。全书以高职教育服务区域经济发展的指标体系构建与评价模型作为研究对象，从高职教育的发展历史与发展趋势入手，分析了区域经济发展与高职教育的理论与相互关系，阐述了高职教育发展的层次结构与发展模式，详细分析了高职教育发展的效率、效益与质量，以及区域高职教育发展竞争力评价体系与指标体系构建，阐述了地方政府高职教育领导力及其评价模型研究，最后提出了区域高职教育协同发展机制和策略。本书适合研究高职教育与区域经济发展的人群及学者阅读与参考。

图书在版编目（CIP）数据

高职教育服务区域经济发展评价指标体系的建构研究 / 韩丹著 . -- 北京 : 中国纺织出版社有限公司 , 2021.12
　　ISBN 978-7-5180-9262-8

　　Ⅰ . ①高⋯　Ⅱ . ①韩⋯　Ⅲ . ①高等职业教育—关系—区域经济发展—研究　Ⅳ . ① G718.5 ② F061.5

中国版本图书馆 CIP 数据核字（2021）第 278826 号

责任编辑：刘桐妍　　责任校对：高　涵　　责任印制：储志伟

中国纺织出版社有限公司出版发行
地址：北京市朝阳区百子湾东里 A407 号楼　邮政编码：100124
销售电话：010—67004422　传真：010—87155801
http://www.c-textilep.com
中国纺织出版社天猫旗舰店
官方微博 http://weibo.com/2119887771
三河市宏盛印务有限公司印刷　　各地新华书店经销
2021 年 12 月第 1 版第 1 次印刷
开本：710×1000　1/16　印张：12
字数：230 千字　定价：88.00 元

前　言

　　随着国内经济体制改革进程的持续推进以及区域经济发展战略的全面贯彻落实，国内教育领域开始呈现出以区域为核心辐射的发展趋势。职业教育与区域经济两者密不可分，快速崛起的区域经济一定程度上可以赋予职业教育区域化发展特色，特别是进入 21 世纪以来，国家对职业教育工作的重视程度越来越高，将发展和推进现代化职业教育视为社会经济平稳发展、实现社会公平以及优化教育结构的重要推手。

　　从关系角度来看，职业教育对区域经济发展具有较大的能动作用，反过来区域经济又对职业教育发展具有明显的决定性作用。因此，职业教育应立足于区域实际经济需要，最大限度地实现职业教育与区域经济发展的协调发展，确保职业教育与经济社会并列踏步向前。然而纵观我国当前各区域职业教育整体发展水平不难发现，教育与经济层面仍存在诸多不适应性，如教育发展水平与经济发展水平不适应、办学体制与经济体制不适应、运行机制与社会发展需求不适应等。因而，如何进一步提升职业教育与区域经济两者的协调性，成为当前职业教育重点探究的课题。

　　本书通过对职业教育和区域经济两者互动机理等资料的收集、归纳以及分析，展现了对职业教育发展水平与区域经济协调发展更深层次的认知和了解，从而尝试提出方法来构建职业教育服务区域经济发展的评价指标体系。该评价体系的作用和功能主要体现在两个方面：一方面通过对相应区域近期数据变化的纵向比较，为区域自我测评提供可靠依据；另一方面通过筛选和横向比较不同区域内的同一个指标，寻找相互间的差距，进而实现对区域内职业教育整体发展水平的精准判断，并以此对职业教育系统的发展做出审慎的决策。我国现行的区域职业教育评价指标体系还处于起步阶段，亟待完善。

　　在以上背景以及系统梳理国内外相关研究成果的基础上，本书就职业教育服务区域经济发展的评价指标体系构建进行探讨。全书共分为六章：第一章就职业教育的若干认识、职业教育百年发展、职业教育的多元化发展模式以及职业教育与社会相关要素的关系等进行具体论述；第二章主要分析了职业教育对区域经济的促进作用、区域经济对职业教育的决定作用和区域经济与职业教育发展的协调性；第三章将视角转向产业结构，深度挖掘区域产业结构与职业教育的交互关系，并在此基础上进行两者之间交互模型的构建以及交互的战略分析；第四章运用层次分析法，依托影响因素分析，依据指标体系构建的原则和方法，初步制订出具有一定普适性的区域职业教育评价指标体系；第五章从立体化角度进行总结，有针对性地提出了职业教育和区域经济协同发展的立体机制与策略；第六章介绍了德国、美国、澳大利亚职业教育与区域经济成功对接的案例，并从中吸取经验教训，进一步完善国内职业教育与区域经济的发展模式。

本书的编写本着实用性与可行性的原则，以求最大限度地方便职业教育和区域经济等方面的研究人员开展相关研究。由于笔者水平有限，本书难免会有不足之处，恳请广大读者批评指正。

韩丹

2021 年 10 月 15 日

目　录

第一章 中国特色的职业教育

职业教育是一种特殊类型的教育，对经济发展、社会进步和人的生存发展具有重大意义和特殊价值。职业教育具有自己的内涵属性、地位作用和特征规律，具有自己的层次、形式和类型，具有悠久厚重的历史底蕴和跌宕曲折的发展历程。

确立对中国特色职业教育的基本认识，是加快发展现代职业教育，加快构建现代职业教育体系，促进中国特色职业教育健康发展的重要基础和基本前提。

第一节 关于职业教育的若干认识

随着时代和社会的不断变迁与进步，人们对职业教育的含义、特点、地位、作用和规律等基本问题的认识正在逐步深化。因此，为了加快发展现代职业教育，更好地服务区域经济发展，我们必须明确并逐步加深对中国特色职业教育的基本认识。

一、职业教育的基本内涵

教育，顾名思义，是教学和育人的结合，是社会权威阶级为实现一定的育人目标，制订相应的教学计划，对受教育者的心智进行教化培育，帮助其形成一种相对完善或理性的自我思维意识的过程。

"教育"一词始见于《孟子·尽心上》："君子有三乐，而王天下不与存焉。父母俱存，兄弟无故，一乐也；仰不愧于天，俯不怍于人，二乐也；得天下英才而教育之，三乐也。"后来许慎在《说文解字》中对"教育"又进行了新的解释："教，上所施，下所效也。育，养子使作善也。"19世纪末20世纪初，"教育"成为常用词。

不同的学者对"教育"有着不同的理解。杜威认为教育即生活；斯宾塞认为教育为未来生活之准备；陶行知对于教育的理解来源于杜威，认为生活即教育，即教育是依据生活、为了生活的"生活教育"，是为了培养有行动能力、思考能力和创造力的人；蔡元培则认为教育是帮助被教育的人发展自己的能力、完善自己的人格，于人类文化上能尽一分子的责任，不是把被教育的人造成一种特别器具。结合不同的学者对于"教育"的理解，我们可以归纳出当前学术界的共识，即教育是依托于生活，为生活服务，给予受教育者可以发展自己的能力，使其形成完善的人格，以期其快速地适应社会，获得更好的生活的一种活动。

职业教育是技术职业教育与培训的简称。"职业教育"一词在不同的语言中有着不同的语义。在德语国家中，"职业教育"是一个综合性词汇，包含通过各种学习途径（包括非正式的自学）进行的，以实现某种已承认的职业行为为目标的传授技能和知识的行为。盎格鲁—撒克逊文化圈则将"职业"依据不同的教育水平（如岗位培训、中等教育、高等教育）或社会地位划分为 occupation，vocation 和 profession。这种区别导致联合国教科文组织运用 technical and vocational education and training 来表示"职业教育"，而欧盟则用 vocational education and training 来表示"职业教育"。为解决各国之间语义不同的问题，联合国教科文组织在 1974 年举行的联合国教科文组织全体会议中对职业教育活动的定义做了以下描述：①普通教育的必要组成部分；②一种为进行职业工作做准备的手段；③继续教育的一个方面。这种定义的思想根源是确信职业教育只是为职业工作做准备的诸多方式之一❶。

中国的实业教育发轫于 1866 年设立的福州船政学堂。光绪二十八年（1902 年）壬寅学制颁布，实业教育制度正式确立。自此，各个教育家开始了对实业教育的探索。蔡元培先生在《向参议院宣布政见之演说》中提到："教育方针，应分为二：一普通，一专门。在普通教育，务顺应时势，养成共和国民健全之人格。在专门教育，务养成学问神圣之风习。""专门教育之设施：一曰专门学校，如大学及高等专门学校是。二曰派遣游学。三曰社会之含有专门性质者。"❷黄炎培在《实施实业教学要览》中提出："凡用教

---

❶ 菲利克斯·劳耐尔，鲁珀特·麦克林，《国际职业教育科学研究手册（下册）》，赵志群译，北京：北京师范大学出版社，2017 年，第 34～42 页。

❷ 马燕：《蔡元培讲演集》，石家庄：河北人民出版社，2004 年，第 92～96 页。

育方法，使人人获得生活的供给及乐趣，一面尽其对群众之义务，此教育名曰职业教育。"陶行知在《生利主义之职业教育》中提出："职业以生利为作用，故职业教育应以生利为主义。"❶综上所述，可见"职业教育"一词具有以下几种含义：①一种补充教育，以帮助人们更好地生活为目的，向人们提供其职业生涯所需的知识和技能，让其掌握在职业生涯中不断完善自己的能力的一种教育，是普通教育的补充；②一种专门教育，主要在于培养人的专业技能，帮助人们获得一技之长，在培养的过程中重视实践技能的培养，即职业工作的前期准备教育；③一种生计教育，是为人们的生活服务的。人们依靠职业教育掌握一项或几项工作技能，并以此作为谋生手段。职业教育的质量决定着其谋生技能的水平；④一种继续教育，是人们就业之前的准备教育，依托工作体系，为工作体系服务❷。职业随着时代的变化不断发生相应的改变，职业教育需帮助人们不断适应这种变化，并使人们获得新的知识与技能，因此职业教育贯穿人的一生，是一种继续教育。职业教育不仅对人的成长及生活具有重要意义，发达的职业教育也是国家进步、发展的重要保障。因为职业教育是培养为社会直接创造财富的高素质劳动者和专门人才的教育，其发展程度决定着国家的人才结构，对推动国家产业结构的升级转型具有重要的作用。

职业教育是依托当前社会的职业分类体系的教育，与职业关系密切，所以职业教育的特性与职业的特性具有一定的重合。但因职业教育是一种教育类型，所以其还具有一些教育本身的特性。

依据南海的《职业教育的逻辑》❸，笔者将职业教育的特性归纳为社会性、生产性、职业性、产业性、多样性和适应性。

（1）职业教育的社会性：职业教育的社会性包括两个方面的含义。一方面，职业教育的产生源于人类社会的出现，是一种人类社会所独有的社会现象，属于人类社会范畴；另一方面，职业教育的目的在于让人们掌握职业所必需的知识和技能，获得在社会中生活的能力，即使人逐步社会化。

（2）职业教育的生产性：职业教育的生产性是指职业教育是社会生产和再生产过程中一个必不可少的环节。职业教育承担着为社会培养高素质、

---

❶ 陶行知：《生利主义之职业教育》，《教育与职业》，1918 年第 3 期。

❷ 闫定军：《习近平职业教育思想的核心与内涵探究》，《产业与科技论坛》，2021 年第 20 卷第 10 期，第 72～73 页。

❸ 南海：《职业教育的逻辑》，太原：山西人民出版社，2012 年。

高水平的技术技能型人才的重任，并通过产教融合的方式建立生产实训基地，将人力资源转化成物质生产，推动社会生产进步。同时，职业教育也有助于实现劳动力的升级转型，推动产业的转型。

（3）职业教育的职业性：职业教育是为适应职业而开展的一种定向教育，职业决定着职业教育的产生、发展、变化（质与量）和消亡。多元的职业类型决定了职业教育的多元化，职业教育依赖并服务于职业。

（4）职业教育的产业性：职业教育是教育系统中与经济联系最为紧密的教育类型，因此职业教育的运行机制和管理模式要面向市场、借鉴产业。在实施"双元制"职业教育的国家中，职业教育可以被看作各个产业的延伸，乃至各个产业不可分割的部分。同时，职业教育自身也可以被视为一种教育产业，通过产教融合、校企合作的方式生产相应的产品，创造一定的社会经济价值。

（5）职业教育的多样性：职业教育的多样性是由职业教育的职业性所衍生而来的。不同的职业类型决定着职业教育是一种在目标、层次、形式、内容等方面提供多种选择、满足多种学习和发展需要的教育。因此，职业教育在运行过程中具有灵活多变的形式和内容，其多样性程度直接影响职业教育对社会需求的适应程度。

（6）职业教育的适应性：科技的进步、生产技术的更新换代必然带来产业结构的调整，从而使职业种类变更和职业规模改变。职业教育的适应性便是职业教育依据职业变更改变自身特性和发展方式的能力，这种能力既包括职业教育能够自主适应经济与社会发展过程中的职业波动，也包括职业教育对产业结构和生产技术更新换代的预测。

二、职业教育的性质与特点

（一）职业教育的基本属性

对于职业教育的属性，专家学者也多有揭示。虽然"职业性、生产性和社会性的统一"的揭示已较为准确，但我们还可以从我国职业教育先驱黄炎培先生"使无业者有业，使有业者乐业"的职教目的阐释中清晰地看到其鲜明的人民性、时代性和社会性。因为职业教育发展到今天又进了一步，那就是还可以使有业者优业和创业，并可以由此看到其以人为本，面向人民、面向人人的平民教育、民生教育的本质。但这也还是从其功能、价值取向角度来认识并揭示其基本属性的。此外，我们还可以从教育学角度揭示其特有的教育性，说它是一种既与普通教育相对应，又以普通教育为基础的特殊类型的教育。显然，揭示这些属性的目的在于既将它与普通中小学教育区别开来，明确各自的目标任务、价值意义，又看到其同属国民教育体系，两者相互联系，相互融合，共同为经济社会又快又好地发展做贡献。对职业教育的准确定位可以更多更好地培养人才，为促进社会经济又快又好地发展奠定坚实的基础。要特别强调的是，既然除去普通中小学以外的一切教育都可以并应当称之为职业教育，那么职业教育也就应当是一种包括初等、中等、高等教育在内的涵盖面很广、社会性很强的特殊类型的教育。为此，我们就应该建立起大职教观，建立起中国特色的大职业教育体系，而不应该将职教排斥在高等教育之外，看成什么都不是的另类教育，更不应该将符合条件的职教学生排拒在本科乃至研究生教育之外，把符合条件的高职专业和院校排拒在本科层面的教育之外，特别不应该把本科及以上教育当成非职业教育来办。因为，无论本科生还是研究生，毕业后都得从事一定领域、一定岗位的工作，都是一定社会层面的职业人，不可能生活在真空中，在校学习期间都需要解决职业准备、职业教育的问题，否则，毕业后就难以很好地适应工作要求，难以适应经济社会发展的需要。目前，在校学习与职业衔接的问题已相当突出，务必要引起社会各界的高度重视。

（二）职业教育的基本特点

与职业教育的性质一样，人们对职业教育的特点也有一些揭示如"就业性、创业性、终身性""职业性、技术性、社会性、终身性和全民性""鲜明的职业性、突出的实践性、明显的区域性、灵活的多样性、广泛的社会性、全面的开放性、激烈的竞争性和强烈的时代性""鲜明的职业性、社会性、人民性""发展空间的区域性，办学形式多样性，教学过程的实践性，教育管理的开放性""以社会需求和就业为导向，以技术应用能力为本位，以职业综合素质为主线""教育目标的多样化，经营管理的市场化，教学方法灵活而有效，管理模式灵活而便利"，等等。以上特点的描述虽各有千秋，但要么太宏观，难以体现职业教育的鲜明个性；要么太间接，或不够准确。在笔者看来，职业教育的基本特点似乎以这样的概述为好：

1. 教育对象的广泛性

虽然普通教育的对象也很广泛，但它毕竟有相应的年龄阶段，最多是一部分学生，到高中阶段而已。按大职教的观点，虽然普通中小学不以职教为主，但也应接受相应的职业教育，有的国家甚至在职业教育中包括了幼儿教育。因此，相比之下，职业教育的对象是最广泛的，是其他任何一类教育都无法比拟的。因为它毕竟是面向人人的教育，是终身教育而不是阶段性、终结性教育。

2. 教育内容的职业性

既然是职业教育，其教育教学内容就要针对一定的行业、职业岗位需求来设置，包括从事这一职业的基础知识、专业知识、基本技能、专业技能以及相应的思想观念、道德品质、综合素质、职业规范等，所有这些无不体现着鲜明的职业性。学历教育如此，岗职培训、继续教育、转岗培训、再就业培训更是如此。公共素养、公共技能的培训在职业教育中固然有，且十分必要，但不是主要的，还处于从属地位，毕竟也是为增强从业人员的社会适应性而开设的，也是围绕职业需求来进行的。

3. 教育过程的实践性

无论哪种类型的职业教育，都要进行相应的技能培训，即便学习相应的基础理论，也是为指导实践、提高技能服务的，而技能必须在实践中通过反复多次的训练才能形成。因此，职业教育特别强调工学交替与结合，特别强调教、学、做的统一，而且明确规定了理论与实践教学的时间，规定了从事实践教学应当达到的相应目标、设施和设备条件，甚至对职业教育的教师也都有相应的特殊要求，足见其实践性是体现得异常充分的。

4. 教育资源的社会性

教育资源的社会性首先体现在职业教育的对象和整个职教工作的社会性上。职业教育不仅面向全日制教育在校学生，其岗位培训、继续教育、提高培训、再就业培训等很多都是面向社会公众、在社会生活中进行的。更何况全日制学生的工学结合、工学交替，实习、实训、实践等，都要依靠行业、企事业单位和社会各界的理解、支持与配合，都要依靠社会各界的保障与呵护，甚至很多教学活动、过程都要在校外基地中进行，包括对教育教学的改进改革也都要依赖社会各界，特别是相应行业的信息反馈和积极参与。换言之，离开了社会，是不可能办出真正好的职业教育的。

5. 教育目标的指向性

职业教育在普通中小学阶段主要是培养职业意识、意向和兴趣；中职阶段主要是培养具有相应素养和基本素质，具备熟练操作技能的初级工作人员，其基本要求是知其然，具备基本的动手能力；高职高专阶段则主要是培养高素质、高技能的生产建设、管理服务第一线的应用型人才，不仅要知其然，而且要知其所以然，比中职毕业生懂得更多，干得更好；本科及以上则是培养专业基础扎实、综合素质好、创新能力强的研发者、经营者、管理者，或各职业岗位、行业领域的骨干；岗位培训、转岗培训是让受训者取得某种岗位职务的任职或从业资格；继续教育提高培训是知识的更新或系统学习；初级工、中级工、高级工、技术员、技师、高级技师、经济师、检验师、会计师、建筑师、医师、大中小学教师等，无论哪种岗位职务、哪种层级、哪种类型，也无论是学历教育还是非学历职业教育，其目标指向都是非常明确的，而且有相应的考核检测标准。而普通中小学教育就不具有这种明确的职业目标指向性。

6. 教育方式的多样性

教育方式的多样性，一是指职业教育的人才培养模式的多样性，包括学校、社会、企业、公办、民办乃至几者的融合交叉，包括全日制、远程网络、夜校、函授、自考等不同形式相互补充，等等；二是指人才规格的多样性。学历、非学历，不同行业不同岗位、不同类别的需求都能满足，完全可以多层次、多形式、多规格、多途径、多功能、多类型，立体全方位地培训培养社会需求的各种人才，这也是普通教育无法比拟的。

三、中国特色的职业教育的特点

职业教育既有上层建筑的属性，又有经济基础的属性。从上层建筑的角度来看，职业教育的办学理念和人才培养具有明确的思想理念和突出的社会功能，主要服务于统治阶级和人民大众，这主要决定了职业教育的办学性质和办学目标任务；从经济基础的角度来看，职业教育依赖、融合并服务于经济建设和社会发展，具有鲜明的职业性和生产性，这主要决定了职业教育的办学方式和人才培养模式。

中国特色的职业教育应该是职业教育共性与个性的辩证统一。共性主要是指中国特色的职业教育应该遵循并符合职业教育的内在发展规律，能和其他国家职业教育的发展寻求平等对话与沟通。比如，职业教育应该具有地方性和行业性，培养的人才应该服务于社区发展和地方经济建设；个性主要是指中国特色的职业教育在遵循共性的基础上应该注重自己的发展模式和办学经验，人才培养目标和培养模式都应该符合中国国情，甚至从一定意义上来讲应该是中国独创的，是世界上独一无二的，是具有鲜明中国特色的，我们所说的中国特色的职业教育主要就是指这种个性。根据2019年1月24日国务院发布的《国家职业教育改革实施方案》，到2022年，职业院校教学条件基本达标，一大批普通本科高等学校向应用型转变，建设50所高水平高等职业学校和150个骨干专业（群）。中国特色的职业教育除了应具有职业教育的共性特征外，还应该有自身的个性特征，即所谓的"中国特色"。这里的"中国特色"是建立在中国国情基础之上的，也就是说，中国特色的职业教育应符合中国人口多、底子薄、地区发展不平衡的国情，符合中国正处于社会主义市场经济体制健全与完善、产业结构和就业结构发生重大调整与变革时期的国情，符合中国正大力推进"五大建设"和中国特色新型工业化道路的国情，符合人人期望成才、人生期盼出彩，广大劳动者迫切需要接受教育、提高自身素质的国情，符合中华儿女正在追逐国家富强、民族振兴、人民幸福伟大中国梦的国情。建立在这些国情基础上的中国特色的职业教育因此具有人民满意性、社会公平性、和谐性、可持续发展性和独特性五个方面的特征。这五个方面的特征也是衡量我国职业教育是否具有"中国特色"的重要标准。

第二节　从层次到类型：职业教育百年发展

职业教育作为我国国民教育体系的一种教育类型，承担着培养高素质劳动者和技术技能型人才的使命。自中国共产党成立至今的百年发展历程中，中国职业教育事业始终围绕着党的中心工作、服务于党的基本路线来展开，在提高劳动者素质、优化人才结构和增强国家竞争力等方面发挥着重要作用。在党的领导下，中国职业教育发展取得了长足进步，实现了从"层次"到"类型"的身份转变，服务党和国家重大战略的能力显著提升。

在中国共产党领导下的职业教育百年发展历程中，根据关键性事件、里程碑文件以及职业教育活动表现（见表1-1），可将中国职业教育发展划分为六个阶段，即革命中兴办（1921—1949年）、学苏中成型（1949—1966年）、迷失中重建（1966—1985年）、改革中发展（1985—1996年）、规范中完善（1996—2013年）、跨界中融合（2013年至今）。中国职业教育发展在每一个阶段都凸显出不同的实践样态。

表1-1 中国职业教育百年发展的实践样态概观

阶段划分	关键性时间和里程碑文件	职业教育活动表现
革命中兴办（1921—1949年）	1.1921年7月23日，中国共产党成立，一大至六大党的教育纲领 2.1931年11月苏维埃政府成立，苏区、陕甘宁边区、解放区的文化教育方针	1.小学教育中的生产劳动教育 2.社会教育中的技术教育与训练 3.干部教育中的职业技术学校
学苏中成型（1949—1966年）	1.1949年10月1日中华人民共和国成立，以《中国人民政治协商会议共同纲领》中的教育条例作为新中国的教育方针，注重技术教育 2.1951年政府院颁布《关于改革学制的决定》，以法令形式确立工农干部受教育机会，明确规定业余教育在学制中的适当地位	1.大力创办中等专业学校 2.积极发展技工学校 3.尝试发展农村职业教育 4.推行半工（农）半读和全日制相结合的教育制度 5.教育管理权下放，多形式多渠道办学
迷失中重建（1966—1985年）	1.1976—1978年教育战线的拨乱反正 2.1980年教育部、国家劳动总局发布《关于中等教育结构改革的报告》	1.职业学校严重萎缩。 2.改革中等教育结构 3.尝试兴办职业技术师范学院和短期职业大学 4.改革农村职业教育
改革中发展（1985—1996年）	1.1985年《中共中央关于教育体制改革的决定》 2.1986年第一次全国职业教育工作会议召开 3.1991年《国务院关于大力发展职业技术教育的决定》	1.三类中等职业学校齐头并进(中等专业学校、技工学校、职业高中)，中等职业教育规模迅速扩大 2.积极发展职业教育
规范中完善（1966—2013年）	1.1996年《中华人民共和国职业教育法》 2.1999年《试行按新的管理模式和运行机制举办高等职业技术教育的实施意见》 3.2003年《国务院关于进一步加强农村教育工作的决定》 4.2004年《教育部关于以就业为导向深化高等职业教育改革的若干意见》 5.2005年《国务院关于大力发展职业教育的决定》 6.2010年《国家中长期教育改革和发展规划纲要（2010—2020年）》	1.中职与高职并进，高职开始实现"跨越式"发展 2.职业教育开始注重内涵建设 3.农村职业教育迅速发展
跨界中融合（2013年至今）	1.2013年《中共中央关于全面深化改革若干重大问题的决定》 2.2014年《国务院关于加快发展现代职业教育的决定》 3.2019年《国家职业教育改革实施方案》	1.服务国家重大战略 2.现代职业教育体系框架全面建成 3.内涵建设全面深化 4."类型教育"地位确立

一、革命中兴办：职业教育的积极探索（1921—1949 年）

1921 年 7 月 23 日，中国共产党成立，成为领导中国新民主主义革命的新兴力量，中国革命事业迎来了崭新篇章。面对国内外严峻的革命战争形势，中国共产党始终把教育当作革命战争的有力武器，在革命根据地中积极开展面向工农大众的革命教育，开启了新民主主义教育的新征程。职业教育作为中国共产党领导下教育事业的重要组成部分，在服务革命战争和根据地建设的过程中逐渐兴办起来。

1927 年 8 月—1937 年，中国共产党积极探索多样化的办学形式。中国共产党在 1931 年 11 月建立了中华苏维埃共和国（以下简称"苏区"），在红色政权内开始掌握教育权，苏区出现了相对统一、独立发展的人民教育体系，兴办教育之初就非常重视职业教育。早在 1927 年 11 月，苏区政权创立之初，《江西省苏维埃临时政纲》就提出了"实行普及义务教育及职业教育""注意工农成年补习教育及职业教育"等发展职业教育的工作方针。1934 年 3 月，中国共产党历史上第一个发展职业技术教育的纲领性文件——《短期职业中学试办章程》颁布。在工作方针和文件精神的指导下，苏区兴办了多种类型的职业教育：①面向劳苦大众的职业教育，以提高他们从事种田、做工和作战的知识能力，主要以"识字运动""农村夜校""工人补习教育"等方式进行；②面向红军及干部的职业教育，以提高他们从事某一项职业的专业技能，主要涉及农业、医疗卫生、通信、财经和艺术等方面，针对每一项专业技能都举办了相应的专门学校；③面向女子的职业教育，各根据地创办各种具有地方特色的女子职业学校，如茶陵女子职业学校、永新县赤色女子职业学校等，为妇女提供从事生产劳作的职业知识和技能培训。

1931—1945 年，职业教育快速发展。随着 1937 年抗日战争的全面爆发，边区政府根据战争新形势制定了服务全民族抗战的教育方针政策，职业教育在肩负着培养干部和专门人才的使命中得到快速发展。

（一）普通教育中渗透职业教育内容

在"教育与生产劳动相结合"的工作方针指导下，边区各根据地创办的中小学教育基本都包含劳动教育内容，体现出一定的职业技术教育特征。例如，1945 年在晋察冀边区政府所编写的小学国语课本中，关于劳动观点和生产知识的内容就占了课本的三分之一以上；陕甘宁边区中学的课程除了政治课程和文化课程外，还包括专门的技术课程。

（二）社会教育中开展技术教育与训练

开展广泛的群众教育运动，坚持教育与社会相联系一直以来都是中国共产党所秉持的教育方针，其中最主要的教育形式是"冬学"，即冬季农闲时，在各乡村开办临时学校。临时学校在进行扫盲任务、宣传革命思想的同时提供大量关于生产劳动方面的技术教育与训练。

（三）干部教育中举办多种类型的职业技术学校

抗战时期，边区政府非常重视干部教育，根据干部所从事业务的不同，创办了多种类型的专门学校，如农业学校、医药卫生学校、财经电信类学校等，以及培养从事织袜、缝补、助产等业务的妇女干部专门学校。

面对国内外新的革命战争形势，中国共产党一方面延续并发展抗日根据地所创办的各类职业学校，积极培养大批专门技术人才；另一方面着眼于解放区乃至中华人民共和国成立后经济建设的需要，开始将职业教育向正规化方向发展，由地区性向全国过渡，加强职业教育的制度化建设。例如，1946年，苏皖边区政府颁布的暂行学制强调，在初中阶段设置初级职业学校以及在职干部短期学校，在高中阶段设置各种专科学校；1948年，山东省战工会举行第三次全省教育会议，提出必须建立教育工作各种正规制度，使各级学校逐渐走向正规化。尽管解放区并没有形成统一的职业教育制度，但各地基本将职业教育划分为初级职业学校、在职干部短期训练学校、高级职业学校或专科学校几种形式。总体而言，解放区的职业教育已经呈现出制度化的趋势，为新中国职业教育制度的建立与发展奠定了经验基础。

二、学苏中成型：职业教育的初步发展（1949—1966年）

中华人民共和国成立初期，随着社会主义改造和社会主义建设的新征程，职业教育进入新的历史发展时期，为新中国培养了大量的技术人才，有效支撑了中华人民共和国成立初期的工业体系建设。在这一时期，职业教育整体上表现出学苏中初步发展的特征。从共时性来看，一方面，《中国人民政治协商会议共同纲领》明确规定，把"加强中等教育和高等教育，注重技术教育"作为新中国的文化教育方针，再加上国民经济建设对大量技术人才的急切需求，共同推动着职业教育在改造、整顿与调整中有序恢复和发展。另一方面，1949年12月，教育部第一次全国教育工作会议提出，

"特别要借助苏联教育建设的先进经验",职业教育办学在学习苏联中逐步探索出符合中国国情的以技术为本位的中等专业教育制度和技工教育制度。从历时性来看,职业教育在这一阶段主要经历了三个发展时期。

(一)国民经济恢复时期,对职业教育的接管改造与调整整顿(1949—1952年)

中华人民共和国成立伊始就确立了新民主主义的教育性质,对之前的职业学校进行接管改造。同时,为了提高工农干部和工农群众的文化水平,以便进一步培养专门技术人才,国家实行了向工农开门的教育方针。中等技术学校得到了较快发展,至1952年,学校由原有的561所增加到794所,在校学生数从77095人增加到290446人。但是由于中等技术学校在培养目标、科类设置、学校分布等方面不适应当时国家经济建设需要,1951年,第一次全国中等技术教育会议明确提出调整、整顿中等技术教育的工作任务。1952年,《关于整顿和发展中等技术教育的指示》中,整顿措施主要有三项:①在办学方针上,要使正规的技术教育与各种速成性质的技术训练班和业余性质的技术补习班配合发展;②在办学形式上,设校分科,要逐步走向专业化与单一化;③在学校管理上,改归业务部门领导为原则。

(二)第一个五年计划时期,建立和健全中等专业教育制度和技工教育制度(1953—1957年)

1953年,我国开始实施第一个五年计划,国民经济建设对职业教育提出了新的要求,职业教育在学习苏联中逐渐走向制度化:①在教育体制上,取消专科教育和"通才"教育,大力发展中等专业教育和技工教育;②在教育制度上,加速中等专业教育"专业化"建设,确定各级各类中等专业学校的学习年限和招生对象,引进苏联教学模式,改革教学计划,组织编译教材,规范师生职责;③在教育管理上,各类中等专业学校均归中央各有关业务部门主管。此外,技工教育也从培养目标、学制、规模和工种设置、教学工作安排等方面进行了系统规划。至此,我国中等专业教育制度和技工教育制度基本成型。职业教育制度的迅速建立为我国培养了紧缺技术人才,有效支撑了新中国工业体系建设和国民经济建设。

(三)第二个五年计划和国民经济调整时期,职业教育在调整中有序发展(1958—1965年)

1958年我国进入了第二个五年计划时期,"二五"计划开局两年,国民经济全面跃进使职业教育转入了大发展。1958年9月,中共中央、国务院发布《关于教育工作的指示》，提出"为了多快好省地发展教育事业，办学的形式应该是多样性的"的工作方针，再加上农业中学和半工半读学校的创办和发展，全国随即掀起了工厂、公社大办学校，学校大办工厂、农场的热潮。这种"大跃进"式的发展致使职业教育出现了混乱状况，国家随即通过压缩办学规模、裁并学校、精简教职工、整顿教学秩序等方式对职业教育进行了调整。经过调整之后，职业教育逐步与工农业生产协调起来，重新走上了健康发展的轨道。

三、迷失中重建：职业教育的再生与崛起（1966—1985 年）

经过中华人民共和国成立后社会主义过渡期和全面建设社会主义时期，我国职业教育发展取得了一定的成就。但是，在 1966—1976 年期间，我国职业教育事业遭受了一定程度的破坏，发展陷入迷失状态。

随后，在"解放思想、实事求是"指导思想的引领下，党在教育方针上开始拨乱反正。与此同时，随着党的十一届三中全会确定的改革开放总政策和社会主义现代化建设总任务，职业教育事业重新得到党和国家的重视，职业教育在迷失中走向全面重建。

（一）改革中等教育结构，逐步恢复中等专业学校和技工学校

1966—1976 年，大量中等专业学校和技工学校被撤销停办，中等教育出现普通高中"一统天下"的局面，中等教育结构严重失衡。据统计，1978 年普通高中在校学生数为 1553 万人，而中等职业教育在校学生人数仅有 212 万人，高中阶段普职比高达 88∶12。为了缓解高中毕业生升学和就业压力，同时为了及时补充和培养国家经济建设急需的技术人才，1978 年 4 月，在教育部召开的全国教育工作会议上，邓小平同志提出了改革中等教育结构的工作指示。1980 年 10 月，国务院批转了教育部、国家劳动总局《关于中等教育结构改革的报告》：一方面，积极恢复中等专业学校和技工学校，继续实行两种教育制度和两种劳动制度；另一方面，将一部分普通高中改办为职业（技术）学校、职业中学和农业中学。至此，全国各地纷纷开展中等教育结构改革工作。

（二）尝试兴办职业技术师范学院和短期职业大学

1979 年 2 月，经国务院批准，在天津、山东、河南、吉林设立四所技工师范学院，学制为四年，专门为技工学校培养师资，这是我国举办职业技术师范学院的首次尝试。到 1988 年，全国共建有 13 所职业技术师范学

院，其中本科 10 所，专科 3 所。职业技术师范学院的创办为我国职业教育培养了专门的职教师资队伍，有利于提高职业教育的办学质量。随着全国经济逐步恢复和发展，高新技术产业对高技能人才的需求日益凸显，国家分配高等专门人才已难以满足地方需要。此外，高等院校中培养应用型人才的专科教育十分薄弱，1981 年专科生仅占本专科学生总数的 17.1%。为了适应经济发展的需要，一些大中城市开始集资筹建职业大学。1980 年，教育部批准成立了金陵职业大学、无锡职业大学、江汉大学、成都大学等 13 所职业大学，至 1988 年全国已有 119 所职业大学，在校学生共计 7.5 万人。

（三）改革农村学校教育，大力发展农村职业教育

1983 年 5 月，中共中央、国务院颁布《关于加强和改革农村学校教育若干问题的通知》，强调要改革农村中等教育结构，发展职业技术教育。通过在普通高中增设职业技术课、开办职业技术班，把一部分普通高中改办为农业中学或其他职业学校，注重对小学、初中和高中毕业生进行职业技术教育等举措，农村职业教育得到了较快恢复与发展。

四、改革中发展：职业教育的规模扩大与体系初建（1985—1996 年）

1985 年 5 月，《中共中央关于教育体制改革的决定》颁布；1986 年，国家教委、国家计委、国家经委、劳动人事部联合召开第一次全国职业技术教育工作会议，这两个事件标志着中国职业教育事业开启了改革发展的新历程。职业教育在改革中明确了发展方向，同时，大力发展职业教育成为国家和社会各界的普遍共识，职业教育发展开始步入正轨，迎来了迅速发展的重要时期。职业院校数量和在校生数量快速增加，中等教育结构趋向均衡。中等教育结构调整始于改革开放初期，随着教育体制改革的推进和大力发展职业教育等方针政策的陆续颁布，中等职业教育规模得到迅速发展，并于 1998 年达到了一个发展高峰。据统计，1980—1998 年，中等职业学校数由 0.97 万所增加到 2.22 万所，增幅为 129%；招生数由 110.63 万人增加到 530.03 万人，增幅为 379%；在校生数由 239.74 万人增加到 1467.87 万人，增幅为 512%；专任教师数由 20.69 万人增加到 85.53 万人，增幅为 313%；中等职业学校与普通高中招生规模之比由 21.3/78.7 提高到 57：43，在校生规模之比由 18.9：81.1 提高到 60：40。职业教育规模得到了极大扩充，中等教育结构趋向均衡。

（一）职业教育体系的积极探索与初步构建

在调整中等教育结构的同时，国家开始关注职业教育体系建设。1985年，《中共中央关于教育体制改革的决定》明确提出，"逐步建立起一个从初级到高级、行业配套、结构合理又能与普通教育相互沟通的职业技术教育体系"，初步勾勒出中国职业教育体系的蓝图。1991年《国务院关于大力发展职业技术教育的决定》和1993年《中国教育改革和发展纲要》的出台使我国职业教育办学体制与普通教育办学体制相分离，实行小学后、初中后、高中后三级分流的方针。1996年，《中华人民共和国职业教育法》颁布，以法令形式确定了"职业学校教育分为初等、中等、高等职业学校教育"。这一时期对职业教育体系的探索与初步构建为今后构建现代职业教育体系奠定了框架基础。

（二）积极发展职业教育

改革开放初期，虽然在经济发达地区试办了短期职业大学，但是职业教育的发展规模和速度已经难以满足经济快速发展对高技能人才的需求。1985年《中共中央关于教育体制改革的决定》颁布，明确提出"积极发展高等职业技术院校"。1991年，国家教委颁布《关于加强普通高等专科教育工作的意见》，明确了职业教育的培养目标、地位和作用，并从修业年限、教学方式、办学方式等方面指出了职业教育的改革方向。之后，国家教委经过一番酝酿并开展了广泛的调查研究，起草了《关于积极发展高等职业教育原则意见》，并于1996年在全国职业教育工作会议上明确了职业教育"三改一补"的发展方针。其后，在国家相继颁发的政策文件指引下，职业教育规范化发展的思路日益清晰，发展步伐也逐渐加大。至1998年，全国职业教育招生共计43万人，在校生人数共计117万人，独立设置的高等职业学校有432所。

五、规范中完善：职业教育的中高职协调发展与内涵式发展转向（1996—2013年）

随着改革开放的不断深入，中国共产党第十四次全国代表大会正式提出建立社会主义市场经济体制的发展方向，中国经济体制开始由计划经济向市场经济转变。21世纪初中国加入WTO，中国经济开始融入世界经济，市场取向逐渐成为国家经济发展的价值选择。在对外开放与对内搞活的双重驱动下，服务国家经济建设的职业教育受到空前重视。1996年《中华人民共和国职业教育法》和1998年《中华人民共和国高等教育法》的相继颁发，标志着中国职业教育事业在改革中开始步入法制化与规范化发展的"快车道"，在法制化与规范化发展过程中日益趋向完善。

（一）职业教育规模迅速扩张，中等职业教育规模保持稳定，中高职实现协调发展

随着1998年高等教育大众化的国家战略选择，职业教育得到了快速发展的契机。1999年1月，教育部、国家计委印发的《试行按新的管理模式和运行机制举办高等职业技术教育的实施意见》明确提出职业教育的办学机构来源，由此形成了"六路大军办高职"的繁荣局面。2004年4月，教育部印发《关于以就业为导向深化职业教育改革的若干意见》（以下简称《意见》），《意见》提出"职业教育应以服务为宗旨，以就业为导向，走产学研结合的发展道路"，由此确立了职业教育的发展思路和科学定位。在这一时期，职业教育在规范中实现了"跨越式"发展。据统计，1999—2013年，高等职业学校由474所增加到1321所，增幅为179%；高等职业学校招生数由61.19万人增加到318.4万人，增幅为420%。在中等职业教育方面，由于深受产业结构调整与升级、就业环境趋紧、高校扩招等综合因素的影响，中等职业教育在1999—2001年进入一个发展低谷期。为扭转中等职业教育下滑趋势，2002年以后，国家开始加大对职业教育的改革力度。2005年10月，国务院印发《关于大力发展职业教育的决定》，同年11月召开了全国职业教育工作会议，进一步确立了中等职业教育在经济社会发展中的重要基础地位。经过各方面的共同努力，中等职业教育规模迅速回升并趋向稳定，中高职实现协调发展。

（二）职业教育规模趋向稳定，开始转向内涵式发展

自2002年以来，中高职实现协调发展，职业教育规模趋向稳定，提升职业教育质量、注重内涵建设逐渐成为发展职业教育的工作重点。一方面，国家继续深化现代职业教育体系建设。2002年《国务院关于大力推进职业教育改革与发展的决定》和2005年《国务院关于大力发展职业教育的决定》均强调建立现代职业教育体系，2010年《国家中长期教育改革和发展规划纲要（2010—2020年）》提出，"争取到2020年，形成适应经济发展方式转变和产业结构调整要求、体现终身教育理念、中等和职业教育协调发展的现代职业教育体系"，更明确了建成现代职业教育的时间；另一方面，国家开始注重职业教育内部质量提升。国家通过颁布一系列相关政策文件，从夯实职业教育的基础能力建设、推进职业教育的课程教学改革、建立职业教育贫困生助学制度、加强职业教育师资队伍建设、认定国家级重点中等职业学校、实施国家示范性高等职业院校建设、建立高等职业院校人才培养和办学水平评估制度等方面对职业教育质量提升进行了专门指导。

（三）农村职业教育快速发展，服务"三农"优势明显

在国家实施社会主义新农村建设战略背景下，农业职业教育服务"三农"的战略意义更为凸显。2003 年，国务院做出《关于进一步加强农村教育工作的决定》，这一纲领性文件拉开了中国新时期发展和改革农村教育的序幕，农村职业教育进入迅速发展期。在这一时期，国家通过采取一系列改革措施助推农村职业教育发展。例如，利用农科教结合示范区的辐射带动作用，切实加强农村职业教育和培训；建立专项建设计划，大力扶持县级职教中心建设；实施农村职业教育培训项目，进一步扩大农村实用技术培训规模，积极开展农村劳动力转移培训。

六、跨界中融合：职业教育的科学谋划与功能拓展（2013 年至今）

2013 年，党的十八届三中全会明确了新时代全面深化改革的科学指南和行动纲领，再一次吹响了改革前行的号角。在新一轮改革前行中，面对着国内、国际新形势，国家提出了一系列重大战略举措，迫切需要职业教育提供人才支撑和智力支持。2014 年 5 月，国务院颁布《关于加快发展现代职业教育的决定》，把职业教育发展置于国家战略的高度，系统规划了加快发展现代职业教育的理念和蓝图。由此，职业教育发展越来越受到跨界关注与支持，开始步入科学谋划阶段，类型属性更加鲜明，服务功能日益扩展。

（一）加快推进中国特色现代职业教育体系建设

为响应 2010 年《国家中长期教育改革和发展规划纲要（2010—2020年）》对现代职业教育体系建设的目标要求，在这一时期，国家开始加快推进现代职业教育体系建设步伐。2014 年《国务院关于加快发展现代职业教育的决定》和《现代职业教育体系建设规划（2014—2020 年）》的接续出台，体现了国家对建设现代职业教育体系的决心，并为体系建设进行了全面、细致的规划。此外，国家开始注重职业教育学历层次方面的改革。例如，2015 年《教育部国家发展改革委财政部关于引导部分地方普通本科高校向应用型转变的指导意见》的出台为职业教育办学层次高移奠定了实体

基础。经过持续 30 多年的建设历程，2019 年《国家职业教育改革实施方案》明确提出"现代职业教育体系框架全面建成"，至此，中国特色的现代职业教育体系基本形成。

（二）积极推动产教融合、校企"双元"育人模式改革

为了积极推动职业教育人才培养模式改革，2014 年，国务院颁布《关于加快发展现代职业教育的决定》，其中提出"开展校企联合招生、联合培养的现代学徒制试点"要求。之后，教育部颁发了《关于开展现代学徒制试点工作的意见》，开启了现代学徒制试点工作的序幕。现代学徒制试点工作的开展是我国对于职业教育校企"双元"育人模式的先行探索。随着国家对职业教育人才培养模式认识的不断加深，科学谋划职业教育人才培养模式改革成为新时代党和国家发展职业教育的工作要点。2017 年 10 月，习近平总书记在党的十九大报告中提出"完善职业教育和培训体系，深化产教融合、校企合作"，为新时代职业教育人才培养模式改革做出了方向性纲领。在方向性纲领的指引下，2017 年《国务院办公厅关于深化产教融合的若干意见》和 2018 年《职业学校校企合作促进办法》详细规划了职业教育人才培养模式改革的具体路径和措施，2019 年《国家职业教育改革实施方案》同样对产教融合、校企"双元"育人模式进行了系统规划。"产教融合、校企合作"逐步走向制度化，并成为中国职业教育人才培养模式的主要特征。

（三）加快推进"双师型"教师队伍建设

加快推进"双师型"教师（同时具备理论教学和实践教学能力的教师）队伍建设是党的十八大以来发展职业教育的重点领域。2014 年《国务院关于加快发展现代职业教育的决定》明确提出"建设'双师型'教师队伍"的发展任务，此后，国家加快了建设职业教育"双师型"教师队伍的步伐。2018 年《中共中央　国务院关于全面深化新时代教师队伍建设改革的意见》提出，要"全面提高职业院校教师质量，建设一支高素质双师型的教师队伍"。2019 年《国家职业教育改革实施方案》明确界定了"双师型"教师的内涵，提出要"多措并举打造'双师型'教师队伍"的任务，为新时代"双师型"教师队伍建设指明了发展方向。之后更是出台了专门针对"双师型"教师队伍建设的政策文件，即《深化新时代职业教育"双师型"教师队伍建设改革实施方案》，并从教师专业标准体系、教师准入制度与培养制度、管理保障机制、教师素质等方面系统规划了"双师型"教师队伍建设。

（四）全面拓展职业教育服务功能，战略地位更加凸显

党的十八大以来，国家提出了"一带一路""大众创业、万众创新""中国制造 2025""精准扶贫"以及"乡村振兴"等一系列重大战略举措。在此背景下，职业教育发展被纳入国家战略框架，紧密对接国家战略需求，出台了一系列相关政策文件，如 2015 年《高等职业教育创新发展行动计划（2015—2018 年）》、2016 年《制造业人才发展规划指南》和《职业教育东西协作行动计划（2016—2020 年）》、2018 年《深度贫困地区教育脱贫攻坚实施方案（2018—2020 年）》以及 2019 年《国家职业教育改革实施方案》。在国家政策和社会各界的广泛支持下，职业教育类型改革越走越实，服务领域全面拓展，战略地位更加明显。

第三节　我国职业教育的多元化发展模式

一、师徒制模式

（一）师徒制模式的含义及演变

1.师徒制模式的含义

师徒制模式是指徒弟拜师傅，跟随师傅学习某种职业的基本知识和操作技能，师徒之间形成亲密关系的一种传统的职业教育方式。师徒制产生至今已有几千年的历史。它有师傅和徒弟两个主体。师徒制模式经历了三个阶段：第一阶段是在家庭内部父与子之间，传承劳动经验和技术的狭义师徒制阶段；第二阶段是超越家庭以外的师傅与徒弟之间，在生产劳动中传承劳动经验与技术的广义师徒制阶段；第三阶段是由于分工细化及大量专门职业的出现而产生的专门徒弟教育。

一般来说，师徒制模式的培养对象是平民子女，是普通劳动者。

2.师徒制模式的演变

在原始社会，人们主要依靠父兄长辈的言传身教来传递生产知识、劳动经验、集体生活规范等。这种父兄长辈的言传身教是师徒制模式的雏形。原始社会的生产力水平极其低下，产品生产效率低，没有社会分工，职业教育活动与人类生产活动是连在一起的。这一阶段主要是为了解决物质生活资料的生产问题，职业教育的主要内容是长幼之间以言传身教的形式传授生产劳动经验、技术、技能、态度以及社会行为规范。

在奴隶社会，农耕技术迅速发展，农作物产量增长较快，商业和手工业开始繁荣。大批奴隶被迫进入各种作坊劳动。作坊内的分工已相当细，形成了复杂的综合性手工业，此时师徒制模式在手工作坊内大量存在。春秋战国时期是奴隶社会向封建社会的转型期，社会发生了剧烈动荡，"井田制"开始迅速崩溃，使许多奴隶成为自由民，以自由民为主的个体经济有了相当的发展。随着社会分工的进一步扩大，家庭逐渐成为手工业技艺传授的基本单元，形成了比较普及的"家庭师徒制"模式。随着奴隶社会的崩溃，一些原来的职官流散到了民间。他们著书立说，组织学派，开设私学收徒，将本来密藏于官府的技术带到了民间，又从民间生产实践中吸收成果，促进了技术的发展。当时，打破家庭收徒的圈子，个别传授的"广义师徒制"模式开始出现。

在封建社会，经济发展很快，与此相关的职业技艺教育也有了长足进步，以专业教育与技艺传授为主的职业专科性学校已经出现。其主要专业有天文、医学、兽医、礼仪等。为了保证技艺传授质量，唐代首次实行了国家颁布统一专业教材的办法。在宋代，由于手工业作坊规模的扩大，为了高效地训练艺徒，推行了"法式"艺徒培训法，即艺徒基本操作规程培训法。

在近代社会，随着资本主义的产生和发展，企业生产技术和生产效率不断提高，社会分工越来越细，职业的种类越来越多，职业的专业性也越来越强。为了满足经济发展对各类专业技能人才的需求，除了举办大量的职业学校进行劳动者的集中专门教育以外，在资本主义生产的企业以及民间的一些特殊职业中，仍然广泛流行着"专门师徒制"的形式，如资本主义企业中的车工、钳工、电工等，师傅往往带一个或者几个徒弟，进行"师带徒"的技术传授。

中华人民共和国成立初期，国家经济建设急需大量的技术工人。为了解决急需，国家除了改造旧教育、创办新教育，创办中等专业学校和技工学校大力开展技术工人的培养外，在工厂里还普遍推行"师徒制"的培养方式，作为职业学校培养的补充。几十年来，师徒制模式为我国社会主义建设培养了成千上万的合格技术工人。

（二）师徒制模式的特点

1.言传身教

言传身教是中华民族的传统教育手段之一。中国历来就有"投师如投胎"的说法。徒弟对师傅唯命是从，十分恭敬。师傅将所掌握的技术特点、方式方法、经验知识等传授给徒弟。在传授时，师傅一方面将一些技术经验以口诀或顺口溜的形式传授给徒弟，如从事冶铸业者将探测矿藏的经验总结为"山上有葱，下有银；山上有薤，下有金；山上有姜，下有铜锡"；另一方面使用大量专业性语言及行话，这些专门性的简洁凝练的口诀是从业者长期经验的总结，凝聚了几代人的心血智慧，具有较强的概括性、针对性和实用性。徒弟要全面了解一项工作，其内容涵盖工作的每一道工序、每一个环节。师傅培养出来的徒弟不仅要对自身职业，而且要对整个行业有所了解，才能保证技艺的水平。因此，古代师徒制一个师傅带有少量的徒弟，对徒弟的教育贯穿师徒劳动的全过程，具有全程示范教育的特征，这种教育形式培养出的人才综合素质较高且富有创造精神。

2. 口心相传

所谓"口传"是指师傅在教育徒弟时，亲自进行操作技术和经验的口头传授和指点，以帮助徒弟尽快掌握某种工艺或操作的要领，并对徒弟的实习操作进行指导。所谓"心传"，是师傅对徒弟的一种内在精神作用和无形的心理表述。对于师傅来说，它没有固定模式，也不能完全用语言表达。对于徒弟来说，它没有样本可以借鉴，也不是单纯的技术继承就能达到理想的境地，需要自己日后不断地磨炼和实践。所以，只能依靠师徒之间心里的感受和领悟。徒弟一旦心领神会，便能随心所欲，不断创造出新的技法、样式和风格，使技艺在传承过程中，不断被赋予新的生命力。

3. 现场教学

一般地，师徒制职业教育是生产第一、教育第二。徒弟主要是在实际生产的过程中边看、边干、边学。一般的过程是徒弟先在旁边看师傅操作，在熟悉了师傅的基本操作以后，徒弟便可帮着师傅做一些简单的辅助工作，直到辅助工作干得越来越多、越来越熟练。在达到胜任基本操作以后，徒弟便可以在师傅的指导下开始系统工作并逐步过渡到独立工作。对于一些难度大、技艺性较强的技术只凭口耳相传，受教育者并不容易掌握，此时师傅往往采用语言解说和具体示范相结合的方式来传授技艺，即"相示以功，相陈以巧"。对徒弟而言，熟练的操作技术是要靠自己真正动手实践才能掌握的。徒弟往往从识别材料、打磨修理工具这些基本工作做起，直到能够独立地完成一件产品。这是一个不断实践、不断摸索的过程，也是一个用心领悟的过程。

4. 亲密关系

为了保证技艺、经验和操作秘诀的真传，徒弟强化与师傅的亲密关系是必要的。所谓"一日为师，终身为父"，体现的是"视师如父，视徒如子"的特殊情怀。在我国，尊师是至高的道德准绳。这种对师傅的真切情感效应对知识、技能及经验的传授发挥着十分重要的作用。师徒之间的亲密关系不仅是一种私人关系，也是一种社会关系。另外，这种良好的私密关系也容易限制技艺、诀窍、绝活等的传播范围和对象，甚至导致技艺、诀窍、绝活等的失传。

（三）师徒制模式的实施

1. 师徒关系的确立

一般地，劳动者为了谋生，必须学习和掌握某种技术和操作。开始的时候，劳动者会根据自己的爱好和能力选择学习技艺的方向。接着，劳动者会在自己选定的学习领域打听有哪些有名的老技工。然后，劳动者会设法和这些老技工取得联系，提出自己希望跟随老技工学习的愿望。通过几次交流与沟通以后，老技工如果愿意接收劳动者跟随其学习，师徒关系就基本形成了。最后，他们会举行一次正式的拜师仪式，徒弟行叩首礼，拜师傅。这个过程结束以后，师徒关系即告正式确立。

2. 传授的主要内容

师徒制是历史遗传的产物，其主要运用在手工业领域。其教育内容一般如下：一是某职业的基本理论和基本知识。通过师傅的讲授，徒弟掌握该职业必备的基础知识，如该职业的读、写、算等基础知识；二是生产技术、生产经验和劳动技能。师傅通过言传身教、现场示范、当场指点等方式传授给徒弟，该职业的基本生产技术、诀窍经验和实际操作等，以感性经验传授为多，以生产劳动的技能训练为主；三是职业态度和行业道德观念，以培养徒弟爱岗敬业、奉献社会的优良职业思想。

3. 管理和控制的手段

中华人民共和国成立以前，师徒制模式的管理和控制基本依赖的是行会或行规。行会负责管理整个行业内部的各种关系，在职业范围内挑选师徒时具有严格限制外来人员、内部封闭的特征。对不入行会的师徒，则基本遵从行规管理和控制。中华人民共和国成立以后，我国师徒制模式的管理和控制一般是由政府主管部门和企业共同负责，而以企业的管理和控制为主。

（四）师徒制模式的优缺点

1.师徒制模式的优点

师徒制模式的优点如下：一是由于学徒培养期较长，便于徒弟全面、系统、精心地向师傅学习，便于技术、技能、经验、诀窍等的世代承传；二是师徒之间的良好关系有利于社会人际关系的改善和促进，促进整个社会和谐人际关系的形成。

2.师徒制模式的缺点

师徒制模式属于个别教育的人才培养形式，徒弟在独立操作之前必须先熟悉所有工序。每道工序很少单独教授，大多是在平时工作过程中随机学习，因此学习周期长，培养效率低。同时，个别师傅因竞争需要或其他原因，对技艺的传授保守，甚至不将一些绝技传授给徒弟，因此导致一些真门绝技失传。

二、学校教育模式

（一）学校教育模式的含义及其演变

1.学校教育模式的含义

学校教育是指各级各类职业院校对受教育者所实施的有目的、有计划、有组织的传授职业知识、培养职业思想和职业道德、发展职业能力的职业教育活动。由这种职业教育活动所形成的职业教育模式叫作学校教育模式。

2.学校教育模式的演变

原始社会和奴隶社会主要是农牧经济，民众的职业化程度低，职业流动性也低。职业教育主要通过私学教育、职官教育、世袭家传、艺徒传承、行业教作等途径进行。原始社会和奴隶社会不存在学校职业教育。到了汉唐，我国学校职业教育才开始形成，如东汉灵帝时期始建的"鸿都门学"，它是一所专门学习尺牍及字画的艺术专科学校。在唐代，从中央到地方建立了门类齐全、学制完善的职业学校教育体系，包括中央官学的专门职业学校，太医署辖医药卫生学校，太乐署辖音乐舞蹈学校，太卜署辖卜筮学校，司天台辖天文、历数、漏刻学校等。到了宋代，在一些专门学校中又增设了武学和画学，各类专门学校的招生人数大大超过前代。到了明清时期，受实学教育思想的影响，政府倡导学习西方自然科学技术和中国古代科学技术，以及满足从生产与生活需要为目的的应用科学技术。因而在自然科学、技术应用、机械制造、地理考察、医药分析、农事技术等方面设立了很多的学校来进行专门人才的集中培养。在洋务运动时期，兴办学校职业教育主要是为了学习外国的先进科学技术，以培养富国强兵的技术人才。1862 年创办的京师同文馆被称为中国近代学校职业教育的开始。随后，1865 年建立了上海机器学堂，1866 年建立了福建船政学堂，1880 年建立了天津电报学堂，1881 年建立了广东实学馆并于 1882 年开馆，1882 年建立了上海电报学堂，等等，这些都是在工业领域具有实用性质的专门学校，目的是培养应用型技术人才。1912 年制订了《壬子学制》，在全国推广实业教育，强调以就业为目的。1912 年的《实业学校令》规定实业学校必须以传授工、商、农业的必需知识技能为目的。辛亥革命后，西方各种思潮不断涌入中国。1922 年《壬戌学制》将实业学校改为职业学校，该学制奠定了我国中华人民共和国成立前学校职业教育发展的基础。中华人民共和国成立以来，在历经了奠基期、起落期、重创期、恢复期、发展期和深化期后，我国学校职业教育体系基本形成。

我国学校职业教育分为初等、中等和高等三个层次。初等学校职业教育主要在农村设立，少量设在城镇，实施相当于初中阶段的职业教育，主要为新农村和城镇建设培养各类初级专业技术人才。中等学校职业教育包括中等专业学校、技工学校、职业高中等，主要培养中级技术工人、技术人员、管理人员和其他专业人员。高等学校职业教育包括高等专科学校、高等职业技术学院、职业大学及成人高等学校，主要培养高级应用型技能人才。

（二）学校教育模式的特点

1. 三层结构课程体系

长期以来，我国学校职业教育课程体系实行的是三层结构，如图 1-1 所示。

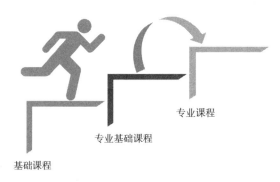

图 1-1　我国职业教育的三层课程结构

第一层是基础课程，主要学习作为一名职业教育学生必须具备的各种基本文化知识；第二层是专业基础课程，主要学习本专业涉及的基本理论和基本知识，为学习专业课打基础；第三层是专业课程，主要学习本专业所要求掌握的全部专业知识，以构筑学生的专业能力。从上述三层结构体系来看，它存在以下明显缺陷：一是把学校职业教育视同高等教育来办，学校职业教育的课程体系基本依照高等教育的课程结构来设置，缺乏对职业教育本质规律和课程设置规律的深刻认识；二是学校职业教育的课程设置重视基础课程和专业基础课程，忽视专业课程。在课程设置比例上，基础课程和专业基础课程所占的比例偏大，专业课程所占的比例偏小。在日常教学上，教师强调基础课程和专业基础课程的讲授和掌握，轻视专业课程的传授和能力培养。在授课上，讲授基础课程和专业基础课程的师资力量较强，而传授专业课程的师资力量较弱。在实训环节上，由于自身设施和场地差，轻视专业课程的实习和实践训练，以致毕业生上岗以后动手能力差，需要企业较长时间的培养才能独立操作。总之，学校职业教育对于专业课程的重视程度不足。

2. 单一式教学体系

单一式教学体系是指以培养掌握某专业的基本理论、基本知识和基本技能，能从事某种职业的专业人才为目标的一种教学组织形式。其主要特点：一是这种体系属于专业培养，以培养专业人才为目标；二是这种体系实行的是封闭式教学，以课堂理论教学为主，辅以少量的实验教学和实习教学；实验教学和实习教学仅仅只是为了消化书本上的理论知识，内容空洞；三是这种体系存在"三个中心"，即以老师、教材、教室为中心；四是这种体系属于灌输式的教学，以老师为主，学生被动接受老师的灌输传授。从"教学体系构成的八要素"来说，学校职业教育的教学体系具有以下特点（见表1-2）。

表1-2　教学体系八要素与单一教学体系的特点

教学体系八要素	单一式教学体系的特点
教学目标	培养专业人才
教学原则	重科学性，轻思想性 重知识传授，轻能力培养 重理论灌输，轻社会实践 教师主动，学生被动

教学体系八要素	单一式教学体系的特点
教学主体	老师
教学内容	基础课程、专业基础课程、专业课程
教学方法	老师——口授为主 学生——背诵＋笔记
教学手段	原始手段——书本、黑板、粉笔
教学管理	实行封闭管理 实行强制管理 理论知识闭卷考试 统一教学和课程计划 严格校纪校规 注重校内管理
教学评价	对学生评价——闭卷开始、各种测验 对教师评价——定量、定性考核

（三）学校教育模式的实施

学校教育模式的实施主要是构建一个完整的教学体系。教学体系是根据教学活动的目的、性质和任务，对教学目标、教学原则、教学内容、教学主体、教学方法、教学手段、教学管理、教学评价八个要素进行合理规化的结构形式。

1. 教学目标

教学目标是指整个教学活动所要达到的目的。它是教学活动从教的方面及从学的方面应达到的基本要求和目的方向。教学目标是整个教学体系的核心，它指明了教学活动的发展方向和预求结果，指导着教学体系的展开，制约着教学体系构成要素的其他方面。

2. 教学原则

教学原则是指根据教学活动的目的、反映教学规律而制定的，用来指导教学工作的基本准则。它与教学目标、教学过程紧密联系。教学原则对其他教学体系元素具有指导作用，其目的是——促进教学活动和教学工作者自觉按照教学规律进行教学，从而不断提高教学质量。

3. 教学内容

教学内容是指教学的课程及课程体系。职业教育课程有狭义与广义之分、狭义课程是指被列入教学计划的各门学科，广义课程是指学校有计划地、为引导学生获得预期的学习结果而付出的综合性的一切努力。在职业教育课程中，课程与课程之间构成了一定的课程结构，组成了课程体系。

4. 教学主体

教学主体是指职业学校的教师和学生。教师是履行教育教学职责的专业人员，他们承担着教书育人、培养社会主义事业接班人、提高民族素质的崇高使命，主要工作是传授知识、开展科学研究及为社会服务；学生是教育活动的对象，也是自我教育的主体。

5. 教学方法

教学方法是指为了达到教学目的，在教学活动中所采用的诸多教学方式。它是由教师、学生和周围环境共同构成的一个系统。教学活动中常用的方法有口授法、讨论法、实习法等。

6. 教学手段

教学手段是指为了达到教学目标，在教学方法的指导下，教师开展教学活动采用的一些具体工具。教学手段是教学目标、教学原则、教学内容、教学方法实现的具体载体，常用的手段有口授、黑板、教学图片、实物模型等。

7. 教学管理

教学管理是指在教学过程中，对教学内容、教学主体、教学方法、教学手段等进行计划、组织、协调、控制、监督、评价等一系列专门的活动。其目的是使各教学体系要素良性互动，保证教学目标的实现。

8. 教学评价

教学评价是指以教学目标为依据，运用多种有效的评价技术与手段，对教学活动的全过程和教学结果进行测定、分析、比较，并进行价值判断的过程。教学评价是客观性和主观性的高度统一。它可分成定性评价与定量评价。

上述教学体系八要素构成了特定结构和功能的"陀螺模型"，如图1-2所示。

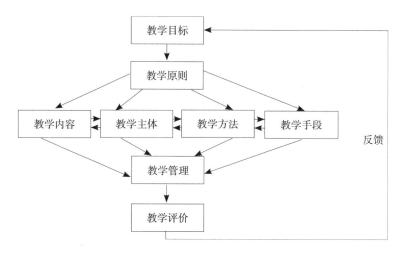

图 1-2　教学体系八要素及其"陀螺模型"

（四）学校教育模式的优缺点

1.学校教育模式的优点

（1）学校教育已经形成完整的体系。我国的学校职业教育已经成为我国整个教育体系的重要组成部分，在整个教育体系中占有重要地位。中等职业教育是我国职业教育发展的重点。职业教育已经占了我国高等教育的半壁江山。我国学校职业教育规模不断扩大，影响力不断增强，职业教育越来越受到重视，学校职业教育制度也在不断发展、完善中。

（2）有利于人才的集中培养，快出人才。随着科技的发展、社会的进步和经济的发展，社会各个组织对各级各类人才的需求量不断增大，如果还靠"师带徒"、作坊培训等方式进行人才的教育和培养，一是培养方式已经陈旧落伍；二是培养人才的数量满足不了社会急需。因此需要发挥学校教育的优势，使各级各类学校采用集中教育的方式进行各级各类人才的规模教育和集中培养，增加人才培养的数量，满足整个社会对各级各类人才日益增长的需求。

（3）有利于人才的系统培养，出好人才。学校教育已经形成了比较完整的体系，加之可以进行各级各类人才的规模教育和集中培养。所以，学校教育在对各级各类人才的教育培养上，可以设定正确的培养目标、设置系统的专业课程、实施科学的教学过程、进行完善的教学管理、进行完整的教学评价。总之，对人才的培养基本形成了一个完整的系统，可以基本保证各级各类人才培养的质量。

2.学校教育模式的缺点

（1）看成一次性就业教育。过去，我们习惯于将人的一生划分成两个连续的阶段，即教育阶段和就业阶段。教育阶段就包括学校职业教育。人们在接受了学校职业教育以后，踏入社会就实现了就业，以后往往不再需要教育培训。因此，学校职业教育被称为"早期终结型职业教育"。应该看到，现在社会已经越来越开放，人们选择职业的自由度不断加大，转业和转移的频率不断加快，通过"早期终结型职业教育"所获得知识与技能已经远远不能适应快速发展社会的需要。进入 21 世纪以后，人们的生活压力越来越大，职业竞争越来越强。人们只有不断接受成人教育和职业培训，才能够满足社会进步对人们工作技能不断提升的需要。所以，未来我们要大力发展职业教育，形成终身职业教育。

（2）职业教育与高等教育衔接不畅。就学校职业教育体系内部来说，初级学校职业教育与中级学校职业教育之间沟通不畅，中等学校职业教育与高等学校职业教育之间沟通也不畅。整个系统内部从下至上，至今没有形成流畅的沟通，体系内各层级各自发展，难以畅通关联。另外，职业教育与高等教育之间相互衔接也不畅。职业教育的毕业生难以升入高等学校继续深造学习，高等学校的学生也难以进行职业课程学习。两种教育资源之间相互关联少。为了清除这种障碍，我们一方面要大力提倡"普通教育职业化，职业教育普通化"。对高等教育来说，我们今后要设置一些职业性课程和专业性课程，使大学生在高等学校里学习到相应的技术知识和职业技能；另一方面国家要制定相应的制度，实行职业教育与高等教育的互通，允许职业学校的学生进入高等学校继续深造学习，彻底打破职业教育与高等教育之间的"隔离墙"。对职业学校来说，我们可以采取延长学习年限和增加文化课程的办法来加强职业学校学生基础文化知识和专业理论知识的学习。

（3）重视理论知识的传授和学习，轻视实习和实践。受传统教育"知识本位"的影响，学校职业教育一直重视基本文化知识和专业理论知识的灌输和学习，轻视专业课程的学习及专业技能的培养。学校忽视学生专业课程的实习和实践，学生也不重视自己的专业实习。学生职业能力普遍缺乏，实际动手能力差，就业后需要在工作岗位上经过较长时间适应才能独当一面。

（4）学校教育的封闭性。长期以来，学校被人们称为"象牙塔"，自成独立体系，学校与社会隔绝，教育过程与实际生活截然分开，学校教育与社会需要脱节。学校偏重知识和理论的教育，学生往往成为知识的消极接收者，忽视了情感、个性和身体各方面的发展。学校学习过程与劳动世界相互脱节，企业和学校互不关联。学校培养的人才非企业所需的人才，造成了人力、财力的巨大浪费。因此，从现在开始，学校教育必须与企业进行合作，才能够使培养的人才真正满足企业的需要，真正为社会所用。

三、校企合作模式

（一）校企合作模式的含义及其演变

1.校企合作模式的含义

美国国家合作教育委员会关于合作教育的描述是："合作教育是一种独特的教育形式，它将课堂学习与在公共或私营机构中的有报酬的、有计划的、有督导的工作经历结合起来。它允许学生跨越校园界限，面对现实世界去获得基本的实践技能，增强学生的自信并确定职业方向。"

加拿大合作教育协会（CAFCE）关于合作教育的描述为："合作教育计划是一种形式上将学生的理论学习，与在合作教育雇主机构中的工作经历结合起来的计划。通常的计划是提供学生在商业、工业、政府与社会服务等领域的工作实践与专业学习之间的定期轮换。"

世界合作教育协会（WACE）关于合作教育的描述是："合作教育将课堂上的学习与工作中的学习结合起来，学生将理论知识应用于现实的实践，然后将在工作中遇到的挑战和见识带回学校，促进学校的教与学。"

校企合作模式是一种学校和企业联合开展人才培养的形式。在合作过程中，学校和企业紧密联手，有目的、有组织、有计划、有指导地把学生在学校课堂的学习与在企业的实践相结合，共同培养学生，以培养学生综合职业能力和就业竞争力为目的，充分发挥学校和企业两个教育主体的优势，把学校理论教育与企业实践教育有机结合，以培养满足企业需要的高素质人才。

2.校企合作模式的演变

1906年，美国辛辛那提大学教师施耐德提出："将学校和产业部门进行合作，学生利用一定时间在学校学习科学技术的理论知识，用一定时间到产业部门，从事与所学专业有关的生产劳动，用劳动所得支付学费"。他把这种教育称为合作教育。这是世界合作教育的开端。

在我国，1958 年 9 月 19 日，毛主席在阅批中共中央、国务院《关于教育工作的指示》时，提出了"教育与生产劳动相结合"的教育方针。在其指导下，各级各类学校开始从勤工俭学运动发展到学校办工厂、农场，工厂、农村人民公社办学校，在全国基本形成了"人人劳动、人人学习的共产主义教育制度"。其典型代表是江西共产主义劳动大学，它创办于 1958 年 8 月 1 日，至 1980 年学校实行改制，实行半工半读模式 22 年，为国家培养了 22 万余名相当于初技毕业至大专毕业的高技能人才，成功地探索了教育与生产劳动相结合的办学实践模式。直至 20 世纪 80 年代中后期，校企合作教育在我国才真正兴起。我国首次提出校企合作教育并推行这种教育模式的是上海的一些大学。上海工程技术大学纺织学院，于 1985 年在该校进行了 1 个纺织工程班的合作教育试点，并且获得了巨大成功。至 20 世纪 90 年代初期，上海实行校企合作教育的高校达到 50 多所。我国校企合作教育的发展大致经历了"三个阶段"：第一阶段（1984—1989 年），校企合作教育的引入期。这一时期主要完成以下工作：一是概念引进及观念转变；二是尝试进行教育模式的突破；三是进行了教育模式的创新。第二阶段（1989—1997 年），校企合作教育的探索期。这一时期的特点：一是发展很快，但坚持下来的不多；二是形式多，但成熟的少；三是思想活跃，但深层次的问题暴露很多。第三阶段（1997 年至今），校企合作教育的稳步探索期。这一时期的校企合作教育达成了以下成就：一是校企合作教育的含义、模式、运行机制基本形成了规范；二是教育行政主管部门大力提倡和支持，使校企合作教育纳入正常管理；三是校企合作模式成功培养了数以万计的各级各类专业人才；四是形成了一支较为稳定的校企合作教育模式的研究队伍，在具有中国特点的校企合作教育理论及其实践上做了大量探索。我国职业教育从 1980 年诞生至今的 41 年的历史证明：职业教育走校企合作之路是职业教育良性发展的重要手段 ❶。

（二）校企合作模式的特点

1.先进的职业教育思想

首先，校企合作教育模式真正体现了"以人为本，全面发展""合作教

---

❶ 陶礼军：《职业教育集团平台下的校企合作研究》，《职教论坛》，2013 年第 32 期，第 60～62 页。

育"的先进教育理念。它把学生作为教育的主体和培养的中心，通过学校和企业的对接培养，使学生手脑并用，在学中做、在做中学，有利于学生的全面协调发展。其次，校企合作教育模式真正体现了"教育与生产劳动相结合"的教育方针，使教育能够更好地满足社会需求，避免与社会的脱节。再次，校企合作教育模式真正体现了我国职业教育"以服务为宗旨，以就业为导向"的指导思想，有利于全面培养学生的职业能力，提高其就业竞争力，增强他们为人民服务的本领。最后，校企合作教育模式真正体现了职业教育的价值取向和职业教育发展的本质。实行这种模式，有利于由封闭的学校教育走向开放的社会教育，从单一的学校课堂走向校企双向对接的社会课堂，从学历本位转向职业能力本位，从以理论学习为主转向以实践为主，从学科中心转向能力中心。

2. 教育制度与劳动制度的有机结合

在我国，校企合作教育作为一种教育制度，其起源可以追溯到我国的近代实业教育和新式学校实行的"工学并举"。20世纪50年代，我国教育体系中有三类学校并存，即全日制学校、半工半读学校和业余学校，其中的半工半读学校就是校企合作教育的一种初始形式。1964年，刘少奇同志提出"两种教育制度和两种劳动制度"的理论后，1965年我国"顶岗劳动和教室学习交替进行"的半工半读学生就有433万多人。20世纪80年代以后，我国职业教育进入了快速发展时期，在充分借鉴国外先进的职业教育经验以后，今天我们重提"大力推行工学结合、校企合作的培养模式，逐步建立和完善半工半读制度"，其意义深远。另外，校企合作教育还是一种新型的教育管理制度，因为学校和企业的合作教育必然形成对"学程"管理和"工程"管理的共同管理系统。在学校和企业、学生个人签订合作协议后，职业学校和实习企业就共同担当起了合作教育的内容、形式、场地、纪律、安全、权益、考核、评价等管理职能。我国多年职业教育校企合作的成功实践表明，它是将教育制度和劳动制度有机结合的一种理想的现代教育制度，应该在我国大力提倡和推广普及。

3. 科学实用的育人模式

当前，在我国出现的"产教结合、校企联合、工学交替、前厂后校、订单式培养"等概念与校企合作教育有着极高的关联度，体现了教育与经济、学校与企业、读书与劳作的有机结合。校企合作教育既表明了学校和企业这两个主体之间的联系，也表明了劳动与学习两种行为之间的关联，强调学校与企业的"零距离"，重视学习与劳作的"双交叉"，强化学生的生产实习和社会实践，所以说，它是职业教育培养技能型人才的最佳模式。校企合作教育模式通过实行"1+1+1""1+2""2+1"等多种培养方式，加强了学生工与学的关联度，使学生既学习了本专业必须具备的文化知识和基本专业知识，也通过大量有组织的企业实践锻炼了自己的职业能力和操作技能，有利于培养满足社会需要的高素质应用型人才。因此，校企合作模式是一种科学的人才培养模式。

4. 行之有效的助学方式

贫困家庭的孩子接受职业教育，使他们拥有一技之长，实现就业谋生，无疑是他们脱贫的有力武器，但是，贫困家庭的孩子缴不起职业教育费用，这就需要社会给予积极的扶助。而校企合作教育能够帮助家庭经济困难的学生完成学业。因为，国内一些职业院校进行学生半工半读的试点，使职业院校学生通过校企合作教育，到企业顶岗实习获取一定的经济报酬，用来补充学费，实现家庭零负担或少负担。所以校企合作模式是一种勤工俭学的好形式，应该大力鼓励和倡导。

（三）校企合作模式的实施

1. 三个前提

（1）加快制度建设，保证校企合作模式有法可依。在宏观上，2005年《国务院关于大力发展职业教育的决定》指出："大力推行工学结合、校企合作的培养模式。中等职业学校在校学生最后一年要到企业等用人单位顶岗实习，高等职业院校学生实习实训时间不少于半年。建立企业接收职业院校学生实习的制度。"这为校企合作模式的制度化建设提供了依据。因此，国家要尽快进一步完善《中华人民共和国职业教育法》，更加明确校企合作模式的法律制度。在微观上，我国要加快完善校企合作模式的几项重点配套制度。①我国要加快建立校企合作教育管理制度，如成立专业指导委员会、校企合作教育委员会、学校董事会、行业管理委员会或协会等，加大企业参与学校管理的力度，从组织上形成校企合作教育的良好机制；②要建立学分制度，推行学分制改革，以保证学生提前取得就业岗位，或家庭确有经济困难的学生分阶段完成学业；③要加快建成统一的实践教学制度，要在政府、行业主管部门的支持下，多渠道建设职业学校实训基地，以实践教学制度的形式，保证中等职业院校学生不少于一年的顶岗实习期、高等职业院校学生不少于半年的实习实训；④要加快建立规范的"双师型"教师培养制度，不断提升职业教师的能力和水平。一方面要积极从企业引进一定的专业人才到学校任教；另一方面组织教师到企业实践，提高教师的专业技术能力。

（2）加快修订税收政策，激励企业积极参与校企合作。目前，我国在鼓励企业积极参与校企合作教育方面鲜有明确的税收优惠政策，这十分不利于企业积极参与校企合作教育。根据《国务院关于进一步加强就业再就业工作的通知》（国发〔2005〕36号）文件的精神，财政部和国家税务总局于2006年1月23日下发了《关于下岗失业人员再就业有关税收政策问题的通知》（财税〔2005〕186号），其定额标准为每人每年4000元，可上下浮动20%。因此，建议国家借鉴促进下岗失业人员的税收激励政策，在充分研究后，出台激励企业参与校企合作人才培养的税收优惠政策，如根据企业每年有组织，接收职业院校实习生的人数和实习时间的长短，按人一次性进行税收减免，或者按比例减免企业所得税和其他各项地方税收，同时允许学生实习工资的税前扣除等，以减轻企业应税负担，激发企业参与校企合作的积极性。

（3）加快合同制建设，保证校企合作的规范化运行。首先，学校和企业要认真进行事前的双向沟通，以选择各自中意的合作伙伴，然后签订由学校和企业双方都认可的合作教育协议。协议要明确企业和学校在合作过程中的权利和义务，以保证合作教育过程有章可循。其次，要尽快制订符合校企合作教育模式的教学方案，使校企合作真正落到实处。要对现有的教学方案进行解构，重建规范化的"校企合作模式教学方案"，方案既要包括学校教育方面，又要涵盖企业培养方面，要把学校教学计划和企业培养方案进行有机链接，以形成科学、规范、有序的校企合作培养人才模式。特别地，方案要对课程设置的功能和作用进行重新评估，据此确定教学要求、内容、时间、进度、场所、管理等诸要素。方案还要特别明确各专业所面向的实习岗位（群），以保证学生学习与工作的真正结合，避免工学互不关联。最后，在校企合作办学达到规范化以后，要将校企合作上升到政府层面进行制度性固化。

2. 三种运行机制

（1）信誉型运行机制。信誉型运行机制是企业以信誉为基础的一种不固定的参与方式。企业参与以某个项目或某项任务为主，以自我约束对所承担的任务负责。企业和学校不签订规范的合同或协议，没有固定组织和协调机构。企业参与过程缺乏质量评价和制约机制。企业的参与行为可以是一次性的，也可是连续性的。这种运行机制形式简单、方便灵活，但缺乏稳定性。目前，这种机制在我国很流行。

（2）契约型运行机制。契约型运行机制是企业以合同或协议为基础参与学校教育的一种较为稳定的运行方式。企业和学校以各自所需的利益为出发点，通过契约的形式明确规定各自在合作中的权利和义务。这种形式一般有固定的合作组织来管理双方的合作事宜，如校企合作教育委员会等。目前，这种机制在我国很受欢迎。

（3）法人型运行机制。法人型运行机制是企业以股东的身份参与双方合作教育的一种运行方式。企业和学校利用各自在资金、人才、管理、信息、技术、设备等方面的优势，以股份的形式组建法人实体。这种机制有完善的组织管理体系，双方的责权利明确，权利分享与责任分担透明度高，依法进行，并有利于调动合作各方的积极性，实现共同的利益追求。目前，这种机制在我国实行不多。

（四）校企合作模式的优缺点

1. 校企合作模式的优点

（1）校企合作模式满足了职业教育发展转型的需要。20世纪50年代，为了满足156项国家重点工程对各类人才的急需，我国从苏联引进了中专和技工学校教育模式，这是以经济建设需要为驱动力的职业教育模式。1985年，《中共中央关于教育体制改革的决定》提出要建立起一个从初级到高级、行业配套、结构合理又能与普通教育相互沟通的职业技术教育体系。我国以调整中等教育结构为重点，职业教育得到大发展。1999年，《中共中央 国务院关于深化教育改革，全面推进素质教育的决定》提出要大力发展高等职业教育，培养一大批具有必要的理论知识和较强实践能力，生产、建设、管理、服务第一线和农村急需的专门人才。2002年《国务院关于大力推进职业教育改革与发展的决定》明确提出了职业教育的要求，即"职业教育为经济结构调整和技术进步服务，为促进就业和再就业服务，为农业、农村和农民服务，为推进西部大开发服务"。2005年《国务院关于大力发展职业教育的决定》更明确提出要"大力推行工学结合、校企合作的培养模式"，职业教育要"与企业紧密联系，加强学生的生产实习和社会实践，改革以学校和课堂为中心的传统人才培养模式"。从以上职业教育发展的轨迹来看，我国职业教育模式已经悄然转型。现在，在我国普遍实行的校企合作模式正是这种发展转型的体现。

（2）校企合作模式有利于提高职业院校的办学能力。校企合作模式充分调动了学校和企业参与人才培养的积极性，使双方的教育资源优势得到了充分发挥。双方合作培养，可以把职业道德教育融入人才教育的全过程，培养学生的诚信品质、敬业精神和责任意识；双方合作培养，既可以传授学生必备的科学文化知识和专业基础知识，又可以强化学生的实际操作能力，帮助学生掌握职业岗位（群）所必备的技术技能，增强学生就业竞争力；双方合作培养，可以加强职业院校的专业建设，强化专业设置与用人单位的无缝对接，使职业教育最大限度地为地区经济和社会发展服务；双方合作培养，可以加快课程教学改革，增强学生职业能力与用人单位需求的对接；双方合作培养，有助于优化职业院校教师队伍的人才结构和能力结构，强化"双师型"教师队伍建设。

2.校企合作模式需要解决的问题

（1）增强政府促进力。在职业教育模式已经转型的形势下，我国急需政府加快完善相关法规，以明确企业和学校参与职业教育的责任与义务，依法加强对学生参加顶岗实习的约束和保护，增强管理和服务意识，建立健全学生实训备案制度，为职业院校与企业的对接提供良好的制度环境，促进校企合作模式的法制化发展。

（2）增强多方协同力。因为校企合作涉及的主体较多，管理链较长，所以，多主体的及时沟通和协调就显得极为重要。为此，我国要进一步完善以下主要工作：一是合作的各方动力要合拍，需求要一致；二是各方的诚信态度要一致。共同育人才是校企合作的真谛；三是管理体制和机制要创新。政府要调动和保护各方的积极性，既要在法律上明确企业支持和参与职业教育的权利和义务，又要制定诸如税收、资金、财物、人员等方面的激励政策；四是组织管理要跟进。校企合作的人才培养模式必然带来教育教学管理上的变革。例如，对学生而言，有学校和工厂两个活动场所、理论和实践两种习作内容、师傅和教师两类指导者、徒工和学生两种身份、挣钱和实训两种效益，这些都需要校企深入介入、密切管理。从某种程度上讲，管理的力度和效度决定了校企合作的深度和广度。

第四节　职业教育与社会相关要素的关系

一、职业教育与社会政治的关系

政治是社会经济的集中体现，它是人类历史发展到一定时期所产生的一种重要的社会现象，是以国家权力为核心展开的各种社会活动和社会关系的总和。职业教育与社会政治之间存在制约与反作用的关系。一方面社会政治制约着职业教育的性质和目的；另一方面职业教育作为培养人的社会活动，在传授职业知识、职业技能的同时，把一定的社会政治意识、职业道德、生活规范传授给下一代，使他们适应一定社会的生产力和生产关系的要求，从而维护和巩固现有的社会政治制度。

（一）政治对职业教育的制约作用

1. 政治决定着职业教育的性质和目的

职业教育的目的是职业教育实践的出发点和归宿，规定着职业教育为哪个阶级培养人，以及培养什么样的人，反映了统治阶级的经济利益和政治利益。不同国家的统治阶级通过颁布一系列教育法律、政策和规章，来合法地强制教育部门贯彻执行职业教育的目的。《中华人民共和国职业教育法》的第一条就规定："为了实施科教兴国战略，发展职业教育，提高劳动者素质，促进社会主义现代化建设，根据教育法和劳动法，制定本法。"第三条规定："国家发展职业教育，推进职业教育改革，提高职业教育质量，建立、健全适应社会主义市场经济和社会进步需要的职业教育制度。"由此可以看出，我国的职业教育要为社会主义市场经济的发展和社会进步服务，为社会主义现代化建设培养专业人才。

2. 政治决定着职业教育的管理体制

一个国家有什么样的政治制度，就有什么样的教育制度。按中央和地方管理的权限分，有中央集权制和地方分权制。与中央集权制的政治制度相对应的便是中央集权制的教育制度，而与地方分权制的政治制度相对应的便是地方分权制的教育制度。在中央集权制的国家中，通常设有教育部或教育委员会，它们掌管着各地区教育的组织、行政、经费和监督大权；同时又在很大程度上决定着教育法令、学校课程编制、人事安排以及教材和教学法的审核等,代表性国家有法国、日本。在地方分权制的国家中,教育则由各个行政区分别管理,代表性国家有美国、加拿大。我国当前实行中央集权制的行政管理体制,因此在教育领域也采用中央集权制的教育管理体制。例如,我国在教育部专门设有职业教育与成人教育司,负责统一管理全国的职业教育学校,负责信息化、师资、教材的建设,对各级各类的职业教育的教育教学活动给予指导等。

3. 政治制约着职业教育的改革与发展

政治因素是一个非常关键的因素,经济、科技、文化引发的职业教育变革,通常要借助政治力量才能得以迅速推动和实现。回顾我国职业教育改革历程也会发现,我国的职业教育改革也是在政府的力推下逐步展开的:凡是由政府力推的职业教育改革,改革的进程就会加快。在 2002 年 7 月 30 日召开的全国职业教育工作会议上提出,在新的形势下,推进职业教育改革与发展是实施科教兴国和可持续发展战略的一项重大任务。大力发展职业教育是适应产业结构调整的需要,是适应企业提高产品质量和效益的需要,是适应扩大就业和再就业的需要。2002 年全国职业教育工作会议以来,我国各地区都加强了对职业教育工作的领导和支持,以就业为导向改革与发展职业教育逐步成为社会共识,职业教育规模进一步扩大,服务经济社会的能力明显增强。在此基础上,2005 年 10 月,《国务院关于大力发展职业教育的决定》指出目前职业教育在发展平衡性、资金投入、办学条件、办学机制以及人才培养的规模、结构、质量等方面还不能很好地适应社会经济发展的需要,要加大对职业教育的改革力度,把发展职业教育作为经济社会发展的重要基础和教育工作的战略重点;坚持以就业为导向,进一步深化职业教育改革;积极推进体制改革与创新,增强职业教育发展活力;动员全社会关心支持职业教育发展。这个文件的出台,明确了今后一个时期我国职业教育改革与发展的指导思想、目标任务和政策措施,必将极大地推动我国职业教育的改革与发展。2019 年,国务院正式印发《国家职业教育改革实施方案》,具体指标是:"到 2022 年,职业院校教学条件基本达标,一大批普通本科高等学校向应用型转变,建设 50 所高水平高等职业学校和 150 个骨干专业(群)。建成覆盖大部分行业领域、具有国际先进水平的中国职业教育标准体系。企业参与职业教育的积极性有较大提升,培育数以万计的产教融合型企业,打造一批优秀职业教育培训评价组织,推动建设 300 个具有辐射引领作用的高水平专业化产教融合实训基地。职业院校实践性教学课时原则上占总课时一半以上，顶岗实习时间一般为 6 个月。'双师型'教师占专业课教师总数超过一半，分专业建设一批国家级职业教育教师教学创新团队。从 2019 年开始，在职业院校、应用型本科高校启动'学历证书 + 若干职业技能等级证书'制度试点工作。"

（二）职业教育的政治功能

职业教育的政治功能主要体现为促进学习者的社会政治化，维护现有的社会政治关系。职业教育是有计划、有目的、有组织地对学习者进行思想政治教育和职业道德教育，传授职业知识，培养职业技能，进行职业指导，全面提高学习者的素质的一种教育。这种教育活动也把一定社会中的占统治地位的政治意识渗透给学习者，把学习者培养成一个符合一定社会的价值标准的人；通过职业道德教育，受教育者能够树立正确的世界观、人生观和价值观，热爱本行业、本岗位，树立远大的理想，促进个体的社会政治化，从而维护现有的社会政治关系。

二、职业教育与社会经济发展的关系

人类的社会性生产导致了社会分工，分工产生了职业，职业的载体是人，没有职业教育对各行各业所需人才的培养，现代社会就不能维持和运转，更谈不上发展。根据著名经济学家保罗·萨缪尔森的观点：经济增长包括四个增长要素，即人力资源、自然资源、资本积累、技术变革与创新，经济增长是资本积累、技术进步、人力资源和自然资源不同比例组合的函数。现代经济发展越来越离不开职业教育的发展，职业教育越发达的国家，经济发展水平也相对较高。目前，经济发达国家都有体系完备的职业教育。它在推动经济增长、促进就业和再就业中具有不可替代的重要作用。经济与职业教育之间的关系是辩证的，一方面，经济的发展水平制约着职业教育的发展；另一方面，职业教育通过对大量高素质劳动者的培养推动社会经济的发展，发挥强大的经济功能。

（一）经济对职业教育的制约作用

经济的发展为职业教育的发展提供必要的物质条件，它通过投入教育，以大量的人力、物力和财力作为职业教育发展的物质基础，即职业教育的发展有赖于经济实力的支撑；同时经济发展的水平也制约着职业教育的发展水平，不同的经济发展水平要求职业教育为其提供不同数量、规格、质量的劳动力。

1. 经济的发展水平制约着职业教育的发展规模、速度

经济发展水平直接决定着对职业教育人力、物力、财力的投入量，而投入量的多少最终制约着职业教育的发展规模和发展速度。职业教育发展状况取决于经济能为其提供多少社会剩余产品，经济总量水平使教育投入存在明显的差异：社会经济发展水平高，就可以将更多的人力、物力、财力投入到职业教育领域，相应的职业教育的办学条件、教学设备等就会得到改善，职业教育的发展规模和速度就会加快；反之，社会经济发展水平低，则会阻碍职业教育规模扩张和高速度发展。

2. 经济结构决定着职业教育的结构

经济结构是指国民经济总系统中各子系统各部分的排列、组合和结合的方式，包括产业结构、技术结构、劳动力结构及区域经济结构等。产业结构是指生产要素在各产业部门间的比例构成和它们之间相互依存、相互制约的联系，即一个国家或地区的资金、人力资源和各种自然资源与物质资料在国民经济各部门之间的配置状况及其相互制约的方式。生产要素投入的技术组合和分布决定了产业的结构类型。而产业的结构和产业的组织反映了生产要素的配置效率和技术水平，从而表现经济发展的程度。职业教育在向社会各部门输送人才时，必须适应产业结构、技术结构、行业结构、就业结构的变革，在培养类型、培养级别和培养数量上必须合乎上述结构的需要，以便做到人才的适销对路，杜绝人才的浪费。不同地区的产业特点对劳动力的类型结构有不同的要求，产业结构变动和发展趋势及其对劳动力类型的需求结构都会对职业学校的专业设置有着直接的影响。因此，职业教育的培养类别（文、理、工、农、医、师范）、层次（初、中、高）及学校数量的多少、专业设置都受社会经济发展水平的制约。我国正处于社会主义初级阶段，经济还不够发达，我国产业结构调整的特点表现为：由第一、第二产业向第三产业发展，社会上大量需要的是生产、服务第一线的技能型人才。只有大力发展中等职业教育，才能满足社会对技能型人才的迫切需求。

以北京为例，北京市第八次党代会第一次会议提出了首都经济概念：要发展以高科技产业为核心，以第三产业为主体的、以知识经济为导向的经济类型。30 年来，北京已培育出了六大高端产业功能区，即中关村国家自主创新示范区、北京经济技术开发区、北京商务中心区、金融街、奥林匹克中心区、首都机场临空经济示范区六大高端产业功能区。六大高端产

业功能区创造了全市 47.7% 的营业收入，已经成为推动首都经济发展、优化城市结构布局的主导力量，也是首都经济持续发展的重要领域，是本市调整产业结构、转变经济增长方式的重要着力点。相应地，教育结构随经济结构的转变也发生了一定的变化，如北京市中等职业学校中新增设一批适应第三产业需要的专业，如计算机、商贸、物流、物业管理、文化创意等方面的专业，同时在职业学校的层次上，积极开展职业教育的试点工作。

（二）职业教育的经济功能

职业教育的经济功能是通过培养高素质的劳动力并输送到社会的各行各业从而推动经济发展的。职业教育可以改变人的劳动能力的性质和形态，可以把一个简单的劳动力，或一般性质的劳动力加工训练成为一个复杂的和专门的劳动力，从而提高劳动生产率。马克思在《资本论》中指出："要改变一般人的本性，使它获得一定劳动部门的技能和技巧，成为发达的和专门的劳动力，就要有一定的教育或训练，而这就得花费或多或少的商品等价物。"世界不同国家的中等和职业教育都承担着这样的任务。

1. 开发人力资本，提高劳动生产率

人力资本是指凝聚在劳动者身上的知识、技能及其所表现出来的能力。劳动生产率是生产者的劳动效率，它可以用生产某一件产品所耗费的劳动时间或一定时间内生产出的劳动产品的数量来表示。职业教育是传递职业知识和技能，培养社会劳动力的教育，它能促使劳动者成为发达的和专门的劳动力，而正是掌握知识和技术的高素质的劳动者成为推动经济增长和发展的最主要因素。因此，职业教育是人力资本开发的重要途径；同时人力资本理论认为，通过接受教育，一个人可以获得更多的知识和技能，当这种知识和技能通过劳动力市场进入生产过程的时候，就可以提高劳动生产率，而较高的劳动生产率就会获得较高的经济收入，而较高劳动生产率来自教育。职业教育与国民经济发展关系课题组 2004 年的研究也再次证实：与普通教育相比，在职业教育的收入分配中，更多地体现出生产功能❶。世界银行以粮食产量来衡量农业的生产水平，并对低收入国家农民教育与农业生产的关系进行了研究，其结果表明，一个受过四年初等教育的农民比从未受过教育的农民，其生产的粮食产量高 8.7%；北京大学教授闵维方对

---

❶ 沈超：《就业·收入·和谐——职业教育与经济社会协调发展》，北京：中国经济出版社，2005 年，第 62 ~ 85 页。

中国汽车工厂的实证研究也表明，受过职业教育的工人的生产率要比仅受过一般教育的工人高 6% ～ 11%。

职业教育对人力资本开发的贡献主要是对应用型和技术型人才的培养。职业教育要培养大批高素质劳动者和初、中、高级技术人才。各级各类职业教育的发展规划和职业教育的发展，可以使国家研究型、工程型、技术型人才和高级专业人才、中级专业人才、初级专业人才保持一个合理的比例，使国家的人力资源构成一个知识技术结构合理、高效率的智力群体，为经济发展打下坚实的人才后备基础。社会主义现代化建设中人才的极端重要性决定了职业教育的战略地位。数以千万计的中、初级人才和高级应用型人才，以及数以亿计的熟练劳动者，都需要通过各级各类的职业教育来造就。职业教育要为经济建设服务，经济建设要依赖职业教育。发展职业教育，造就一支社会主义的劳动技术大军，才能推动经济建设和其他各项社会主义建设事业的蓬勃发展。《中国教育改革和发展纲要》指出："职业技术教育是现代教育的重要组成部分，是工业化和生产社会化、现代化的重要支柱。"因此，早在改革开放初期，我国就把职业教育作为"实现工业化、现代化和生产社会化的必由之路"。《中华人民共和国职业教育法》明确提出："职业教育是国家教育事业的重要组成部分，是促进经济、社会发展和劳动就业的重要途径。"

2. 提高就业能力，降低失业率

我国现代职业教育家黄炎培提出——职业教育的目的是"使无业者有业，使有业者乐业"。职业教育不仅要使受教育者获得从事某种职业的能力和资格，同时也要通过"核心能力"（关键能力）的培养，获得寻求就业、保持就业和变更就业的能力。职业教育可以通过对失业人员的转业、转岗培训，帮助他们重新就业。通过专业设置与各种培训，调节与解决社会结构性失业问题，促进就业。

3. 提供继续教育培训基地

随着产业结构的调整和经济增长方式的转变，社会上出现了许多新的职业种类和职业岗位，而新的岗位必然需要新的职业技能。转岗人员需要通过继续教育的途径，学习新知识和新技能，职业教育在社会再就业和转岗培训等方面也发挥着重要作用。各级各类职业教育担负着这样光荣的使命。在我国，职业教育这一职能的发挥尤为重要。职业教育既是推进我国工业化、现代化的迫切需要，也是促进社会就业和实现乡村振兴的重要途径。习近平对职业教育工作做出重要指示，强调在全面建设社会主义现代化国家的新征程中，职业教育前途广阔、大有可为。要坚持党的领导，坚持正确的办学方向，坚持立德树人，优化职业教育类型定位，深化产教融合、校企合作，深入推进育人方式、办学模式、管理体制、保障机制改革，稳步发展职业本科教育，建设一批高水平职业院校和专业，推动职普融通，增强职业教育的适应性，加快构建现代职业教育体系，培养更多高素质技术技能人才、能工巧匠、大国工匠，为全面建设社会主义现代化国家、实现中华民族伟大复兴的中国梦提供有力的人才和技能支撑。

职业教育是广大青年打开成功成才大门的重要途径，具有培养多样化人才、传承技术技能、促进就业创业的重要作用，对于乡村地区来说，尤其如此。进入新时代，我国社会的主要矛盾已经转化为人民日益增长的美好生活需要和不平衡不充分的发展之间的矛盾，而我国发展不平衡不充分的问题在乡村最为突出。因此，在新时代背景下，实施乡村振兴战略的一项重要举措，就是要大力发展教育，特别是职业教育，只有从不同地区的实际需要出发，采取务实有效的举措，才能激发职业教育新活力，赋能乡村振兴。

总之，职业教育事业的发展，归根到底要受到经济发展的制约。如果不顾经济所能为职业教育提供的物质基础，片面地强调职业教育的发展，反而不利于经济的发展；反之，如果认识不到经济发展对职业教育的需求，不重视职业教育的发展，就会造成经济发展中所需要的劳动力和专门人才的短缺，从而阻碍经济的发展。职业教育事业的发展必须与国民经济的发展相适应，才能充分发挥职业教育的经济功能。

三、职业教育与文化的关系

（一）文化对职业教育的影响

职业教育本身就是一种社会文化现象，包含在文化系统之中。一个国家或民族的传统文化特征，必然以潜在的方式影响着职业教育的发展。职业教育领域的方方面面，都受到特定社会文化的影响。职业教育观念、职业学校教育培养目标的设定、职业教育内容的选择、职业教育方式及手段、职业教育管理体制以及师生的关系等涉及职业教育过程的各个方面都从特定的文化中吸取着养分和精髓。

1. 文化价值观对职业教育价值观的影响

在不同的社会政治制度下和不同的文化背景下，人们对职业教育的价值认识是不同的。在工业革命以前的农业社会中，封建等级制和宗法制是社会文化的基础，每个人的个体价值都是由其在社会中所处的特定阶层所决定的，社会职业有高低贵贱之分。在这种社会制度的文化背景下，教育的价值取向主要是求取功名，以改变个人的社会地位和身份，而不是赋予学习者谋生的技能。人们还没有意识到职业教育的价值，职业教育则停滞在师带徒、父传子的原始状态。工业革命以后，在资产阶级自由、平等、民主的思想影响下，文化对个体自身在职业活动中的价值予以肯定，个体能在职业岗位上发展个性，实现自我价值并得到社会的认可。人们也开始意识到实用技术的价值，在实用主义教育思想的号召下，教育与生活相结合，教育与生产相结合，教育的价值取向由培养沉思多识者向培养能解决生产实际问题者转变。进入 20 世纪以来，随着高新技术产业的发展，新的职业不断出现，职业教育的价值更体现在加快科技转化为现实生产力上。不同国家都开始重视职业教育的价值，关注其发展。

2. 文化决定着职业教育的内容

文化的内容非常丰富，既包含意识形态范畴，如信仰习俗、生活方式，道德观念等，又包含非意识形态范畴，如语言文学、科学技术等。职业教育传递的知识、科学技术、价值观等都是文化的一部分。科学技术知识是职业教育内容的重要方面。科学技术既可以物化在生产工具、劳动对象上，又以语言、文字、信息等形态出现。技术的变革意味着文化的进步，同时要求职业技术教育课程内容更迭。18 世纪前，由于科学技术发展水平很低，人类社会还处于以手工业生产为主的阶段，职业教育以师徒制为主，主要作用是传播实践知识。人类的第一次科技革命推动了纺织、采矿、冶炼、机械加工等行业的迅速发展，机械、冶金、力学、纺织等知识成了职业教育的主要内容；第二次科技革命使电磁、电力驱动、汽车制造等知识成为该时代职业教育的主要内容；第三次科技革命以原子能、计算机、空间技术、新材料技术为主要标志；三次科技革命使这些技术成为职业教育的内容。由此可见，科学技术作为文化的一部分，决定着职业教育的内容。

3. 文化影响着传统教育

文化传统影响着传统教育，使某一区域教育显示出其民族特有的性质。与西方教育相比，我国传统教育偏重人伦与社会方面的教育，而忽视自然科学知识的教育；注重个人的修身，而忽视技术教育对社会发展的作用。文化传统对传统教育产生了种种影响，同时对职业教育的传统也产生了一定的影响，体现出本民族的职业教育特色。

（二）职业教育对文化的影响

1. 职业教育对文化的传承、发展与创新的促进

职业教育对文化的传承发展与创新的促进主要是通过传播文化、选择文化、创造新文化来实现的。职业教育是传递和传播文化的重要途径，通过传递、传播文化，促进文化的发展。现代科学技术、生产工艺有许多都是从西方传入我国的，通过职业教育的加工、吸收、消化和传播，为广大劳动者所掌握。这实际上也起到了发展文化的作用。职业教育还有选择文化的作用。学校作为一种专门的文化传播机构，只有那些被认为是优秀的、精粹的文化，才能进入学校教育领域。而文化一旦为学校教育所选择，就具有一定的导向作用，因为教育所选择的文化更具有权威性，传播的面更广、影响更大、更易被社会各界所接受。职业教育在选择文化的同时，也是一个对文化进行系统化、条理化的过程，职业教育的教材编写、教学内容的组织都是对文化的创造与加工过程，并使文化更具有规范性。职业教育赋予个体选择文化的能力，使得人们在文化选择中能够具有正确的取向、遵循客观的规律、优化选择的过程。

职业教育通过对内容、课程、教材、教法等的选择与整理，对人类已经创造的文化产生影响，即表现为具有选择、整合、传递、积累与保存文化的功能；在吸收、融合、传播本国和世界先进文化的同时，通过职业学校的各种教学实践活动也在不断地创新文化、充实和发展文化，以确保人类文化的不断发展和延续。

2. 职业教育对社会文明的促进

职业教育是促进环境的可持续发展、实现社会和谐和培养公民意识的有效手段。职业教育开展政治思想、公民道德、职业道德、心理素质和心理健康活动，以期对学习者产生着深刻的影响，从而将学习者培养成为有理想、有道德、有文化、有纪律的"四有"新人，这是我国社会主义精神文明建设的一个有机组成部分。

以上所述是职业教育各方面的功能。当然这些功能并不是孤立存在的，而是互相交错、相互促进、互为因果的。职业教育具有这些特定的功能，使职业教育成为我国教育体系的重要组成部分，成为国民经济和社会发展的重要基础。因此，推进职业教育的改革与发展是实施科教兴国战略、促

进经济和社会可持续发展、提高国际竞争力的重要途径，是调整经济结构、提高劳动者素质、加快人力资源开发的必然要求，是拓宽就业渠道、促进劳动力就业和再就业的重要举措。

第二章 区域经济发展与职业教育的互动机理

第一节 职业教育对区域经济的促进作用

一、职业教育以开发积累区域人力资本的方式影响区域经济发展

（一）技术应用型人才短缺是制约区域经济发展的瓶颈

区域经济要根据比较利益最大化的原则，在综合比较各种区位要素后，选择一个优越位势配置生产要素进行生产。其中人力资源是能动资源，是经济发展的核心动力和决定性因素。只有将人力资源优势与区域的其他优势要素相配套，形成"软""硬"兼备的优势"区域能"（整个区域所具有的整体能量），才能在市场竞争中获胜。

在区域经济发展的过程中，高级专业人才的作用固然重要，但从事物质生产和服务第一线的人员总是占多数，只有提高这一部分劳动者的素质，才能生产出高质量的产品，才能提供高效益的服务，才能促进区域经济的持续发展。从我国目前东、中、西部地区人力资源开发的现状来看，存在两个明显的问题：一是人力资本存量水平较低，应用型人才严重短缺，职业教育程度不高。这个问题是东、中、西部共同存在的。从总体上来看，2019 年，我国劳动力人口中大专及以上受教育程度人口占比为 20.6%。而高层次应用型人才更是稀缺。二是东、中、西部地区的差异较大，中、西部地区应用型人才短缺的现象尤为严重。从各地区的状况来看，大专及以上文化程度的人口在很大程度上反映出各地区人力资本水平存在的差距。

每 10 万人中拥有大专以上文化程度的人数东部高于全国平均水平，而中西部则低于全国平均水平，说明东部地区的人力资本水平高于中西部地区。在个别省份的比较中，差距更为明显。例如，第七次全国人口普查结

果显示：东部地区的北京、天津、上海每 10 万人中拥有大专及以上文化程度的人数分别为 41980、26940、33872，而中部的安徽、江西、河南每 10 万人中拥有大专及以上文化程度的人数分别为 13280、11897、11744，西部的广西、贵州、西藏每 10 万人中拥有大专以上文化程度的人数分别为 10806、10952、11019。可见，东部经济发达的省份与中西部一些经济不发达省份相比，人力资本水平差距很大 [1]。

进入 21 世纪后，我国第一产业的从业人员人均受教育年限为 6.79 年，仅相当于初中一年级文化程度，半数以上为小学及以下文化程度。全国文盲、半文盲的 90% 以上集中在农村。第二产业从业人员人均受教育年限为 9.44 年，相当于初中毕业和高中一年级入学水平。第三产业从业人员人均受教育年限为 10.79 年，平均为高中二年级文化程度。从农、林、牧、渔业上来看，从业人员文化程度以及高层次文化程度人员比重过低，将影响相关行业的技术进步和生产效率的提高，给我国农业经济结构调整、产业升级及城镇化进程带来严重的障碍。从制造业、社会服务业上来看，其从业人员人均受教育年限分别为 9.47 年和 9.75 年，大致相当于初中毕业及高中一年级水平 [2]。从业人员文化素质较低，不适应我国制造业的生产效率和产品的升级换代，影响了制造业企业的竞争力。从金融、保险、房地产行业上来看，随着我国经济的发展，这些行业对人力资本存量和增量都有很大需求。目前，我国职业教育中金融、保险、房地产等专业的发展还处于初级阶段，远不能满足社会发展的需要。从专业技术人员方面来看，他们总体受教育水平偏低。特别值得关注的是，在六大类职业中，生产操作人员的教育水平提高最慢，说明生产操作人员的人力资本存量和增量提高缓慢，接受过职业技能教育和培训的生产一线人员严重不足，难以满足我国产品生产质量、技术水平、企业竞争力提升的需要。

区域经济的发展离不开科技的发展，而科技的发展离不开与之相适应的人力资源的开发。没有人力资源的支撑，任何好的发展思路都将无法实施。如果把招商引资作为区域经济发展的外因，人力资源开发则是区域经济发展的内因。研究成果显示，劳动者的技能水平对经济的发展具有决定

---

[1] 张小梅：《区域经济和高等教育协调发展的互动机理》，《中学政治教学参考》，2021 年第 8 期，第 100 页。

[2] 李佳婷：《产教融合背景下福建省中职教育服务区域经济发展研究》，福州：福建师范大学，2019 年。

性的作用。发展高技术产业和新兴产业,需要职工提高技术水平和掌握新的技能;用信息化带动工业化,需要大量高素质的技术人才;用高新技术和先进技术改造传统产业,更需要大量掌握计算机技术和机电一体化复合技能的现代技工。人才严重短缺,许多企业即使开出高薪也很难聘到"能工巧匠"。"高技能人才难觅"是在新型工业化的大背景下,摆在我们面前的一个日益沉重的问题,也是困扰大多数企业的一个主要问题。劳动和社会保障部的有关数据表明,目前在我国2.7亿城镇从业人员中,获得国家职业资格证书,以及具有相当水平的技能劳动者只有8720万人,只占从业人员的32%,包括高级技师、技师、高级技工在内的高技能人才只有1860万人,只占技能劳动者的21%。其中,高级技师和技师分别只有60万人和300万人。高技能人才正成为经济发展的"软肋"。职业教育与社会需要不适应的问题十分突出。随着我国科技发展日新月异,新技术应用日益广泛,高新技术产业化不断推进,高级技术工人人才紧缺现象将会越发严重,职业教育若不能承担起繁重的培训任务,人力资源问题必将成为区域经济发展的"瓶颈"。

(二)职业教育以提供高质量技术应用型人才的方式促进区域经济发展

马克思在《资本论》中阐明了社会再生产过程是物质资料再生产、劳动力再生产和社会生产关系再生产的有机统一。而劳动力再生产既是社会再生产的必要条件,又是教育与社会再生产的联结点。马克思认为"教育是生产劳动能力"的活动。劳动者是生产力中最活跃的因素,劳动者要从事生产,必须具备一定的劳动能力。随着科技的进步和社会生产力的发展,劳动者要从事生产劳动,必须掌握一定的文化科学知识和劳动技能。为此,对劳动者进行职业教育和培训是必要的,也是必需的。职业教育的主要任务是为地方经济建设和社会发展培养大批高级应用型人才,尤其是为地方生产、建设、管理、服务第一线培养下得去、留得住、用得上的高级应用型人才。教育部原部长周济指出:"这类人才,既不是白领,也不是蓝领,而是应用型白领,应该叫作'银领'。我们培养的学生,既要能动脑,更要能动手,经过实践的锻炼,能够迅速成长为高技能人才,成为国家建设不可缺少的重要力量。"随着经济建设的发展和产业结构的不断优化调整,高新技术带来了一些新兴行业,如电子信息、新材料等,而传统农业也要走现代农业的发展道路。各行各业的生产正在由劳动密集型逐渐向技术密集型转化，由对熟练劳动者和中初级人才的需求，转化为对中高级人才的需求。这种高素质的人力资源需要通过职业教育来提供。同时，在推进城镇化建设的过程中，有大量的农村适龄人口需要进入第二、第三产业部门就业。而职业教育能够促使他们转化为高素质的实用型人才，从而加快城镇化建设的步伐。

职业教育能够在以下两方面提高劳动者的素质。

（1）职业教育可以生产和提高劳动者的劳动能力。教育之所以能够促进经济增长，带来社会经济效益，最根本的原因是教育能够生产和提高劳动者的劳动能力，增强劳动者的劳动技能，把简单劳动变为复杂劳动，从而创造更多的价值。虽然各种层次和类型的教育都具有再生产劳动力的功能，但职业教育再生产劳动力的功能更为直接。美国经济学家沃根指出：教育训练是经济成功的唯一道路，职业教育应成为国家重要的经济发展开发项目之一。根据世界银行一些专家的研究，在劳动者就业的前 3 年，劳动者受教育平均每增加一年，国内生产总值增长率就可达 4%。在我国，职业教育是市场经济发展的必然产物，市场经济的发展要求高素质的劳动者，掌握现代先进生产工艺技术、信息技术，以适应新兴产业和技术发展的要求。职业教育培养的正是具有较高素质和实际技能的新型生产劳动者❶。劳动者劳动能力的提高必将推动和促进区域社会生产力的发展。

（2）职业教育能够提高劳动者的综合素质。劳动者的文化、科学、技术素质的提高是区域生产力发展的重要动力，是区域经济发展的关键因素。较高的劳动力素质有利于信息和技术的传播，有利于创造出规模经济效益。随着科学技术的迅速发展，经济发展对劳动力综合素质的要求越来越高。一个区域只有具备了高素质的劳动力条件，才能大力发展技术密集型产业，才能推动产业结构的合理化和高级化发展。区域劳动者综合素质与区域经济的增长呈正相关关系。职业教育根据经济社会发展的需要和人的身心发展规律，向受教育者传授科学文化知识，训练技术应用能力，培养良好的职业道德和劳动态度，以及进行人生观、价值观、道德观、法制观等方面的教育，使受教育者成为经济建设必需的各类高素质专门人才。生产实践也表明，受过职业教育的劳动者容易理解生产过程中的要求，运用新技术、新工艺和新设备的能力较强，具有较强的团队精神和安全意识。可以说，

---

❶ 王淑文：《新时代中国特色高等职业教育与区域经济协同发展研究》，《营销界》，2021年第 4 期，第 84～85 页。

职业教育已经成为社会生产活动一个必不可少的环节。

二、职业教育以改变区域分工体系的方式影响区域经济发展

区域分工的客观基础是要素在空间的不均衡分布。瑞士著名经济学家俄林曾经指出："生产要素的不均衡分布，除非由相应的地区需求的不平衡加以抵消，否则，这种分布会使生产要素的价格在各地区形成差异，从而促进地区间的分工和贸易。"这些要素包括自然要素和非自然要素两部分。在以依靠要素投入为特征的粗放型经济增长阶段，自然要素的禀赋对区域分工的影响是十分显著的。但是，在现代经济条件下，非自然要素在区域分工中的影响逐渐增大。尤其是在知识经济条件下，一方面是技术进步引起的经济增长方式的转变；另一方面是交通和通信的发展导致交易成本不断降低。因而，非自然要素在区域分工中的影响越来越大。这些非自然要素包括资本、技术、劳动力和教育等。从制度层面来看，非自然要素也包括区域文化、区域经济制度、区域法律体系等。而代表劳动力素质、技术以及教育水平的人力资本积累的空间差异，在现代区域分工中的作用越来越大。

职业教育作为现代教育的重要组成部分，主要是通过两种途径对区域分工产生影响的。

（一）职业教育影响区域产业结构的升级

1. 产业结构演变与经济增长的关联性分析

产业结构，即产业间的关系结构，是产业间的技术经济联系与联系方式。它反映了一个国家产业之间的比例关系及其变化趋势。产业间的联系与联系方式可以从质与量两个方面来考查：从质的方面来看，它动态地解释产业间技术经济联系与联系方式不断发展变化的趋势，解释经济发展过程中，国民经济各产业起主导或支柱作用的产业的不断替代的规律，及其相应的"结构"效益；从量的方面来看，它静态地研究和分析一定时期各产业间联系与联系方式的技术经济数量比例关系。而一国或地区经济发展的过程就是产业结构升级的过程。

产业结构演变是经济学探究的重要领域，在产业结构演变规律的研究中，许多学者从不同角度进行了深入的探讨。英国经济学家威廉·配第指出：劳动力在各产业间存在着收入差异现象。英国经济学家克拉克在威廉·配第研究的基础上，采用费希尔的三次产业分类法，搜集并整理了若

干个国家的统计资料，按照年代推移，分析了劳动力在三次产业间流动的趋势。他发现：一方面，经济的发展促进了人均国民收入的提高，从而使劳动力首先从第一产业流向第二产业；当人均国民收入进一步提高时，劳动力则向第三产业流动。所以"劳动力在各产业间的分布状况是：第一产减少，第二、第三产将增加"。这是由于产业间相对收入的差异促使劳动力向获得更高收入的产业部门流动。另一方面，人均国民收入水平越高，第一产的劳动力在全部劳动力中所占的比例就越小，第二、第三产业劳动力比重则越大；反之，人均国民收入水平越低的国家，第一产劳动力所占比重越大，第二、第三产业劳动力比重就越小。这就是著名的配第一克拉克定理。

美国经济学家库兹涅茨进一步搜集和整理了20多个国家的统计数据，把研究重点从劳动力在三大产业之间流动变迁的规律探究转向了三大产业间产值的变化研究。他的研究有了重要的发现：在发达国家经济增长过程中，三大产业在国民生产总值或国内生产总值或国民生产净值中所占份额的趋势是类似的，即农业的份额显著下降，从最初几十年的40%以上下降到近年来的10%以下；工业的份额显著上升，从最初几十年的22%～25%上升到近年来的40%～50%；服务业的份额稍微地而且不是始终如一地上升。库兹涅茨的研究揭示了三大产业产值所占份额在发达国家演变发展的趋势。很明显，产业结构的演变不仅反映在劳动力结构上，也反映在产值结构上。在工业化初期，三大产业占国内生产总值的比重呈现"一、二、三"的结构。随着经济的发展、技术进步速度的加快、社会消费需求的提高，以制造业为主导的第二产业在国内生产总值中的份额迅速上升，国内生产总值三大产业比重随之变化为"二、一、三"或"二、三、一"的格局。进入工业化后期，第三产业迅速发展，产业结构演化为"三、二、一"的结构。

产业结构演变与经济增长具有内在的联系。产业结构的高变换率会导致经济总量的高增长率，而经济总量的高增长率也会导致产业结构的高变换率。克拉克的研究表明，产业结构的转变和人均收入增长有着密切的联系：一个国家国民生产总值的高增长率，必然带来人均国民收入的高增长率，引起需求结构的高变动率。发展中国家的经济正处于起飞过程中，要素市场呈现非均衡现象，所以比发达国家表现得更为突出，供给结构、生产结构和需求结构的变化速度很快。当国民生产总值提高到一定水平时，社会的投资将会全面增加，技术变革的速度会大大加快，新产业的成长必将加快和扩大，而这将导致产业结构变化加快。在经济增长过程中，总量增加和水平提高是随着产业结构转换而发生的。经济增长水平的提高必将伴随产业结构的高度化，而产业结构的高度化也必将推动经济的进一步增长。经济增长与产业结构呈现出以下的相互依赖关系：

（1）产业结构的状态在一定程度上决定了经济增长的水平。不同的产业结构状态实质上代表着不同的资源配置状态。产业结构在很大程度上决定了资源配置效果。产业结构的变动能够使资源得到更有效、更合理的配置，而资源的有效配置又在很大程度上决定了经济增长。资源配置合理，适合国内外的需求供给状况，与技术发展水平相适应，就能促进和保证经济的增长。反之，经济增长必然缓慢或者很难保持持续稳定。

（2）经济增长必然导致产业结构的变动。从动态的角度来看，经济增长不仅表现为人均国民收入所达到的水平，而且反映在产业结构的成长上。随着经济的发展，各个产业的规模并非同时扩大，一些产业的增长速度相对较快，而另一些产业的增长速度相对较慢，个别产业甚至会出现萎缩。这种结构变化是产业间比较优势得到发挥的体现。

2. 职业教育影响区域产业结构升级的方式

产业结构的升级是一个规律性的动态调整过程。尽管影响产业结构升级的因素很多，但是，根据产业经济学的一般原理，决定产业结构升级的内在因素主要是市场供求、相对成本和资源配置。因此，从某种意义上说，产业结构的升级过程就是市场供求从不均衡走向均衡、相对成本不断降低、资源配置不断优化的过程。与职业教育密切相关的人力资本在其中发挥着重要的作用。在这一过程中，职业教育对产业结构升级的影响主要是通过职业教育实现的人力资本扩展实现的：

（1）人力资本扩展通过市场需求机制推动产业结构升级。消费需求结构和产业结构之间是相互制约的。随着人力资本的扩展，居民收入水平的提高必然会导致消费品市场的需求变化，进而通过价格机制的引导，向某些产业部门集中和优化，最终引起产业结构的升级。另外，人力资本扩展本身也会对一系列产业和劳务的需求产生影响。人力资本扩展需要教育、培训、卫生等社会服务部门提供的产品。这些产品大多属于第三产业，其需求的持续增长将推动上述产业的发展。

（2）人力资本扩展通过相对成本机制推动产业结构升级。相对成本从供给方面对产业结构产生决定性的影响，而决定相对成本的最重要因素是技术进步。人力资本扩展是技术进步的内生因素。技术进步是人类发展的首要驱动力，是产业结构升级的内生因素。纳尔逊和费尔普斯建立的两个人力资本和技术扩散模型证明了社会平均受教育程度提高将缩小实际技术水平和理论技术水平的差距。技术水平的提高离不开高密度的物资与资金的投入，更离不开高密度的人才、知识和人力资本，而高等教育和人力资本正是技术进步的主要来源。

（3）人力资本扩展通过资源配置机制推动产业结构升级。产业结构的升级过程实际上是资源的重新配置过程，是产业间资源转移的过程。在这一转移过程中，人力资本通过资源的存量转移和增量配置两个方面发挥着巨大的作用。一般而言，资源会更多地流向人力资本存量高、知识技术含量高的产业部门，使这些产业部门的生产能力扩大，进而推动产业逐步升级。

（二）职业教育影响不同区域主导产业的选择和发展

区域的主导产业相当于整个区域经济体系中的骨骼，正确选择和培育该地区的主导产业，从而实现区域产业结构的合理化，关乎整个区域经济的发展方向和发展速度。从区域内来说，区域主导产业是综合反映该区域产业优势的关键和核心，具有带动区域经济作为一个整体发展的功能；对区域以外的地区来说，它是同类产业的国家或更高层次的主要生产供应基地，是该国家或更高层次的区域分工地位的标志，具有强大的输出功能。毋庸置疑，区域主导产业的发展对区域经济发展的影响是巨大的，因为它不仅可以使其产值、收入和就业增加，也会以产业关联效应的方式，带动其他相关部门的发展。许多地方的经济发展经验表明，主导产业是区域经济发展的核心，是以推动区域经济结构来促进区域经济发展的重要产业，因此，主导产业发展政策的科学制定，是选择和培育与区域相适应的主导产业的重要基础，对区域经济健康和有效地发展具有战略意义。

职业教育能影响不同区域主导产业的选择和发展的方式，人力资本和技术的状态是影响区域主导产业选择和发展的一个重要因素。区域主导产业的形成和发展在根本上是受客观经济规律和许多因素的限制的。在不同的历史时期，由于科技水平、经济水平以及社会发展整体水平的不同，主导产业也各不相同。在确定区域主导产业的过程中，政府必须充分考虑制约主导产业成长的约束条件和该地区的具体情况。通常情况下，政府在选择主导产业的时候应充分考虑以下条件：区域经济发展所处的阶段，区域需求变动趋势，区域政府的政策空间，相关支持行业的发展状况和前景。其中人力资本和技术状况是影响选择主导产业的核心要素。

职业教育通过三种方式和手段影响区域主导产业的形成：①职业教育可以通过技术的创新来促进主导产业的生成。高校是国家技术创新体系的重要组成部分，区域高校在区域科技创新体系中占有极其重要的位置。高职院校的科学技术人员和更先进的实验设备能够参与技术创新、技术交流、技术转让和技术贸易。一方面，可以把自己的发明、科研成果、先进技术转化为生产力，促进区域经济发展；另一方面，可以通过调整自己的科研方向和科研计划来适应区域经济发展的需要，创造巨大的经济和社会效益；②职业教育可以通过提高劳动者的技能和素质，为主导产业的发展提供人才支持。职业教育根据主导产业的发展需要，培养一批能够大量转化为实实在在的劳动力的教育产品，从而促进主导产业的发展；③职业教育可以通过技术转化，促进主导产业的发展。高职院校不仅要为工业经济培养应用型人才，而且要作为重要科技成果的孵化器和辐射源。职业学校提供的技术服务要始终以"应用"为标志，并努力对当地的主导产业发展提供最大限度的实用性效果，最大限度地满足当地企业技术需求。职业教育应根据该地区的经济和科技发展的特点和资源优势，引进能满足当地需求的实用专业和技术，并努力发挥重要作用，促进区域主导产业的发展。

三、职业教育以提高区域竞争力的方式影响区域经济的发展

关于经济的竞争力并没有统一的解释，得到较多认可的是瑞士洛桑国际管理学院对竞争力的解释：竞争力是一个国家在市场经济环境下，在与世界各国的竞争比较中所能创造的增加值，从而实现国民财富持续增长的能力。

市场经济的实质是竞争经济。在社会主义市场经济的框架下，区域经济发展水平和发展速度在很大程度上对区域竞争力起着决定性的作用。区域发展状况对于经济要素的聚集有着很大的倚重。资源、资本、人力、技术等经济要素向某个区域流动和聚集，意味着该区域在吸引经济要素方面具有较高的竞争力。同时，这样的聚集能够有效促进该区域经济的发展。由于地缘条件、政策因素、人文背景等方面的历史和现实原因，中国的区域竞争力呈现出巨大的不平衡。表2-1为2020年中国各省区竞争力排行。

表2-1 各省区竞争力比较

省份	综合经济竞争力		经济密度竞争力		经济增量竞争力	
	指数	位次	指数	位次	指数	位次
上海	0.975	3	0.705	5	1	1
北京	0.894	4	0.619	16	0.968	2
深圳	1	1	0.852	2	0.79	3
广州	0.825	5	0.685	6	0.69	4
重庆	0.558	30	0.349	104	0.686	5
成都	0.67	12	0.528	35	0.617	6
武汉	0.704	9	0.587	21	0.59	7
杭州	0.685	11	0.566	26	0.585	8
苏州	0.749	6	0.649	8	0.581	9
南京	0.708	8	0.634	11	0.515	10
香港	0.982	2	1	1	0.479	11
宁波	0.661	13	0.597	19	0.471	12
郑州	0.604	20	0.532	31	0.459	13
长沙	0.639	16	0.577	24	0.457	14
合肥	0.6	21	0.531	32	0.452	15
无锡	0.7	10	0.666	7	0.437	16
西安	0.561	28	0.5	41	0.418	17
泉州	0.57	27	0.519	38	0.405	18
南通	0.579	25	0.531	33	0.404	19
福州	0.576	26	0.53	34	0.397	20
青岛	0.629	17	0.6	18	0.393	21
佛山	0.646	14	0.63	12	0.378	22
济南	0.559	29	0.52	37	0.377	23
东莞	0.613	19	0.595	20	0.366	24
常州	0.626	18	0.62	15	0.35	25

省份	综合经济竞争力		经济密度竞争力		经济增量竞争力	
	指数	位次	指数	位次	指数	位次
徐州	0.495	39	0.467	48	0.326	26
扬州	0.552	32	0.548	28	0.309	27
温州	0.408	62	0.366	88	0.307	28
泰州	0.541	34	0.539	30	0.3	29
盐城	0.432	49	0.402	63	0.299	30

结果显示，在一线城市中，深圳各方面数据位居榜首，北上广深具体经济竞争力指标如下。

北京：综合经济竞争力排第4，经济密度竞争力排第16，经济增量竞争力排第2；

上海：综合经济竞争力排第3，经济密度竞争力排第5，经济增量竞争力排第1；

广州：综合经济竞争力排第5，经济密度竞争力排第6，经济增量竞争力排第4；

深圳：综合经济竞争力排第1，经济密度竞争力排第2，经济增量竞争力排第3。

职业教育对区域经济竞争力的影响主要表现在职业教育的发展能够促进区域竞争力的提高。在世界经济论坛公布的国际竞争评价指标体系中，有两项与高等教育有直接的关系，它们是"科学技术"和"国民素质"。科技竞争力评价体系中的"研究与开发人力资源""技术管理状况""科学环境状况"等与高等教育有着密切的关系。国民素质竞争力评价体系中劳动力、教育结构、生活质量、劳动者的态度等与高等教育密切相关（见表2-2、表2-3）。

表2-2　IMD的科技竞争力评价体系

指标种类	指标名称
研究与开发财力资源	R&D 支出总额（亿美元）、R&D 支出总额占 GDP 的比重（％）、企业 R&D 支出总额（亿美元）、全国 K&D 人员

指标种类	指标名称
科学环境状况	获得诺贝尔奖的人数、基础研究状况（分）、科学教育状况（分）、科技活动对青年一代的吸引程度（分）
技术管理状况	企业间技术合作状况（分）、院校与企业合作研究状况（分）、企业技术开发财力资源状况（分）、法律环境对技术开发与应用的支持程度（分）等
保护知识产权状况	授予国民专利件数的年平均增长速度、国民在国外获取专利的件数、每10万人持有有效专利件数、知识产权受保护的程度（分）等

表2-3　IMD的国民素质竞争力评价体系

指标种类	指标名称
人口	人口规模、负担系数、人口结构、平均寿命
劳动力	劳动力资源及其保护、劳动力结构、就业机会、人力资本
就业	部门就业及结构、就业水平、工作时间
失业	失业水平、失业结构
生活质量	城市人口、收入分配、社会发展、卫生保健
教育结构	教育体系、初等教育、高等教育、文盲义务教育、教育经费
劳动者态度	职工积极性、青年人态度、社会价值观

　　职业教育是现代教育的重要类型，目前我国高职院校的在校学生人数已经超过了普通高校的在校学生人数，职业教育获得了巨大的发展。职业教育的迅速发展一方面对于促进区域竞争力的提高发挥了重要作用，另一方面能够影响区域市场经济"软环境"。市场经济的"软环境"是指发展市场经济所必备的人文环境，是一个区域社会的人文素质信用程度、社会氛围等"软件"要素。其中，社会信用程度和信用体系是一个区域社会发展程度的重要指标。信用是市场经济的基础，拥有良好诚信资源的市场经济，社会运行成本降低，社会关系和谐，是健康有序的市场经济。信用体系的建立能降低投资者预期的不确定性，使成本—效益具有可测算性，可以降低投资风险，吸引外来资本。而破坏信用关系则会动摇市场经济的基础，

带来经济秩序的混乱。因此，信用体系建设是优化区域投资环境的重要方面。而职业教育是构筑社会道德基础的重要力量之一。这是因为教育对经济增长有双重效应：一是知识效应，即人们受教育后，获得了知识，提高了技能，增强了对新工作的适应能力；二是非知识效应，指人们在受教育后，可以形成正确的价值观念，提高道德素养。在信用社会的建设中，职业教育能够发挥巨大的作用。职业院校可以利用各种教育手段和教育渠道，对学生进行人文道德教育。同时，职业院校还可以利用高等教育的文化创造、更新、引领功能，打造"诚信文化"，影响区域内社会成员文化观念的转变，从而有利于构建良好的经济发展"软环境"，增强区域竞争力。

第二节　区域经济对职业教育的决定作用

教育与经济的关系一直以来都是教育经济学研究的基本理论问题，教育与经济有着多方面、多层次的密切关系。而其最本质、最基本的关系表现为：一方面经济以及由经济所决定的社会发展决定着教育的需求与供给，从而决定着教育的发展规模、质量、结构和增长速度；另一方面教育为经济和社会发展培养各种熟练程度不同的劳动力和专门人才，从而推动经济的发展。具体到区域经济和职业教育之间的关系，可以概括为：职业教育源于区域经济发展的内在要求，在人才的培养上始终围绕区域经济发展的需求，二者互联互动、依存发展。因为，区域经济发展水平决定着职业教育的规模和速度，区域产业结构决定着职业教育的专业设置和课程结构，区域经济技术结构制约着职业教育的层次结构。

一、区域经济发展水平决定职业教育发展规模

职业教育的发展一方面受到区域经济需求的影响，另一方面受到区域经济实力的影响。区域经济的发展水平，决定了对人才的数量与质量需求度的大小。而人才培养的质量提高与数量增加，需要相应的教育投入，区域经济的发展水平与教育投资是相互匹配的关系。因为职业教育是一种培养人的社会活动，本身是不能创造利润和盈利的，所以职业教育事业的发展必须有一定的物质资本来支持。区域经济发展总量水平会影响在职业教育方面的投入：首先，职业教育的办学条件是以资金投入为前提、基础的，

没有经济条件作为物质后盾，也就无法谈及扩大规模。其次，经济实力决定着可用于职业教育的人力。没有足够的教育经费就难以拥有一支优秀、充足的职业教育教职工队伍。最后，区域经济为职业教育提供社会剩余产品的多少、受教育对象的多少和用于智力活动时间的长短，也都影响着区域职业教育的发展。区域经济实力决定着可用于职业教育的财力，没有高速发展的区域经济提供强有力的保障，就不可能有区域职业教育的大发展。

处于不同区域经济总量水平的区域，在职业教育投入上会存在很大的差异，从而使职业教育发展的规模和质量都呈现不同的水平。统计数据显示，全国共有职业院校 1.15 万所，在校学生 2857 万人；中职招生 600 万人，占高中阶段教育的 41.7%；高职招生 483 万人，占普通本专科的 52.9%。其中，作为经济强省的河南共有高等职业院校 94 所，占全国 2195 所高职院校总数的 4.28%；江苏、广东、山东和四川分列第二至第五名，分别拥有 89 所、87 所、82 所和 79 所，各占全国职业院校总数的 4.05%、3.96%、3.74% 和 3.60%。全国拥有职业院校数量最少的 3 个省（区、市）是西藏、青海和宁夏，分别拥有 3 所、8 所和 10 所，各占全国职业院校总数的 0.23%、0.60% 和 0.75%。以上数据充分体现了职业教育的市场导向性，区域经济实力的强弱决定了人才需求数量的大小，也决定了职业教育的发展规模。

二、区域经济类型决定职业教育人才培养层次

区域经济结构是决定职业教育层次的主要因素。不同国家或同一个国家的不同地区，因为其经济结构类型的不同，职业教育的层次也不同。例如，新加坡是国际上公认的职业教育水平较高的国家，新加坡的职业教育人才培养，定位为培养经济发展需要的初级研发技术人员，高于我国职业院校培养高素质、高技能人才的人才培养定位。这是由新加坡已经基本完成经济结构转型，劳动密集产业基本移至境外，国内以技术创新为主的传统产业和以新兴产业为重点发展产业的经济特点决定的。而我国目前正处于经济结构的战略调整时期，我国经济结构的变化趋势主要体现在以下三个方面：一是服务业的发展在加速，服务业的比重逐步提高；二是经济增长的科技含量在逐步提高，资源节约型、环境友好型经济成为发展方向；三是劳动密集型产业开始转型，密集型产业由东部向西部转移。目前的这种经济结构决定了我国职业教育的人才培养定位，在一段时间内仍应以培养高技能、高素质人才为主。

但是，随着经济全球化以及新型工业化的推进和科学技术日新月异的发展，我国已经认识到构建现代职业教育体系越来越成为国家竞争力的重要支撑。建立现代职业教育体系、构建合理的职业教育层次，是促进现代职业教育服务转方式、调结构、促改革、保就业、惠民生和工业化、信息化、城镇化、农业现代化同步发展的制度性安排，对促进中国经济升级、创造更大的人才红利、促进就业和改善民生等具有重要意义。教育部在《现代职业教育体系建设规划（2014—2020年）》中明确提出未来高等职业教育的发展目标："在办好现有专科层次高等职业（专科）学校的基础上，发展应用技术类型高校，培养本科层次职业人才；应用技术类型高等学校是高等教育体系的重要组成部分，与其他普通本科学校具有平等地位；高等职业教育规模占高等教育的一半以上，本科层次职业教育达到一定的规模；建立以提升职业能力为导向的专业学位研究生培养模式；根据高等学校设置制度规定，将符合条件的技师学院纳入高等学校序列。"

三、区域经济结构决定职业教育人才培养方向

职业院校要主动适应经济和社会发展需要，以就业为导向确定办学目标，必须根据区域经济和行业发展的现状和趋势，科学、合理地设计人才培养方案，培养出区域经济发展需要的高素质、高技能人才。不同的区域，经济结构会有差别，这就决定了职业教育的人才培养模式不可能形成放之四海皆准的模式。随着经济的发展，经济结构不断调整升级，职业院校必须根据区域经济结构的特性进行调整，形成特定的职业教育人才培养模式，形成自己的特色。这就要求职业教育专业的设置与区域经济的产业结构保持一致，实训基地建设与区域经济的技术发展保持一致，规模设定与区域经济的人力资源需求保持一致。职业教育要根据经济发展的需要培养不同类型的技术人才。在设计人才培养方案的过程中，就业导向是设定目标的关键。当前大学生就业困难已经是普遍存在的社会问题，而目前职业院校的毕业生就业情况却是比较理想的，特别是那些适应经济发展需要的专业甚至供不应求。只有适应经济发展，培养区域经济需要的人才，才是职业教育发展的正确道路。因此，可以说区域经济发展和经济结构调整决定了职业教育人才培养模式的方向。

四、区域经济劳动力需求结构决定职业教育结构

所谓劳动力结构是指一个国家、一个地区的经济建设在各行业、各种层次劳动者中的比重及其构成状况。劳动力结构在企事业单位中，是指其中高、中、初级的管理人员、技术干部、技术工人以及熟练劳动者所占的比重及其构成状况；表现在农业生产中，是指其中高、中、初级的管理人员、农业技术人员以及科技示范户、专业生产户、生产骨干、一般劳动者各占多大比重。这个劳动力可指本地区的劳动人员，也可指外来务工人员。区域职业教育的规模结构必须与区域经济发展中的劳动力结构相适应❶。只有两者相适应，才能促进区域职业教育与区域经济建设的良性循环，反之，则会造成人才过剩或人才供不应求，从而阻碍区域职业教育与区域经济建设的发展。

第三节　区域经济与职业教育发展的协调性

一、区域经济与职业教育发展协调性的内涵及主要特征

（一）协调性的内涵

协调发展是指事物及其内部诸方面保持量或质的平衡与适应的关系，即经济与社会各要素的各组成部分在相互开放的条件下相互依存、相互适应、良性循环、有序运行、共同发展的状态和过程。具体到教育与经济之间的协调发展问题，我国目前有几种代表性的研究观点：

林勇认为，只有实现了与经济发展相协调的教育投入、适度的教育发展速度、各级各类教育发展平衡且全民受教育水平逐步提高等目标，才能最终实现教育与经济的协调发展。

贾彦东等人指出，教育与经济的协调发展具体表现为三个环节上的协调：①经济的发展导致教育投入的不断增加；②增加的教育投入导致教育水平的提高；③教育水平量的提高促进经济的进一步增长。

---

❶ 朱德全：《职业教育促进区域经济高质量发展的战略选择》，《国家教育行政学院学报》，2021年第5期，第11～19页。

　　蒋作斌认为，教育与经济社会的协调发展需解决两个难题：一是教育发展如何更好地为经济社会发展服务，二是经济社会发展如何更好地为教育发展提供有效的支撑❶。

　　刘前冬认为，教育与经济的协调发展主要包括三个方面：①经济的发展促进了教育投入的增加。经济发展方式不断向越来越先进的方向变迁，变迁的结果决定了教育结构的变化，从而影响教育的投入；②教育投入的增加使人力资本质量得到提升，教育水平得到改善。教育投入的增加使教育机构设施增加，教职工福利变好，学校整体教育状况越来越好，教育的普及程度也得到提高，从而教育规模逐渐扩大；③教育水平的改善又进一步促进了经济水平的提高。教育规模的扩大、教育水平的改善使我国的人力资本数量增多，质量也得到提高，从而提高科学技术水平，影响经济发展水平和速度，推动经济增长。如果一个国家或地区同时满足以上三个条件，我们称为教育与经济协调发展。

　　王海花强调，经济与教育的"协调"是一个动态的概念。"协调"主要有以下特点：①协调具有动态性，在整个事物的活动过程中，它是变化发展的；②协调具有目的性，调整事物各个要素朝着总的方向前进；③协调具有因素性，是以有关联的事物和现象为因素的；④协调具有统一性，包括活动过程的规模、数量、质量等的统一；⑤协调具有条件性，需要借助外部的条件保证事物正常发展。

　　综合以上诸位专家学者的观点，笔者认为职业教育与经济协调发展的内涵可以简单归纳为：职业教育与经济内部诸要素保持总量和结构的平衡与适应，从而使职业教育与经济处于相互适应、相互促进、共同发展的状态。

（二）协调性的主要特征

　　区域经济与职业教育的协调性主要体现在总量的协调和结构的协调两个方面。

　　1.总量的协调

　　总量的协调，即区域经济与职业教育在发展规模和发展速度上的协调，兼顾效率目标与平衡目标。如果职业教育规模过小，发展速度过慢，所培

---

❶ 杨乐，张倩：《高等职业教育与区域经济发展的协调性研究——以重庆市为例》，《现代经济信息》，2018 年第 11 期，第 424 页。

养出的具备一定科学文化素质的劳动力满足不了经济发展的人力需求，势必延误经济的正常发展；但是如果职业教育规模过大，发展速度过快，超出了经济发展的需要，又会造成职业教育资源的浪费，使本来应该投向其他部门的经济资源投向职业教育，同样会延误经济的正常发展。

2. 结构的协调

结构的协调，即区域经济与职业教育的发展必须在结构上相适应。结构的协调主要是指职业教育纵向结构要与经济结构中的技术结构相适应，职业教育的横向结构要与经济结构中的产业结构、就业结构相适应。其具体内容为：职业教育的级别结构、程度结构应适应经济部门的劳动技术结构；职业教育的类别结构、专业结构应适应经济部门的产业结构、人才结构；职业教育的布局应适应国民经济发展的地区布局。

二、区域经济与职业教育发展协调性的度量

区域经济与职业教育协调发展的度量要坚持职业教育发展与经济持续增长相结合，宏观政策与微观措施相结合，具有可操作性和现实指导意义等指导思想，同时能够在不同区域、不同发展时期都可以运用此模型进行职业教育发展与经济增长的关联性分析与评价，为区域的职业教育发展规划和指导工作提供理论依据。

在遵循科学性、联系性、统一性、可比性、可操作性等原则的基础上，本书分别从区域经济与职业教育的规模和结构两个方面进行协调性度量研究。

（一）区域经济与职业教育的规模协调性研究

反映区域经济发展规模的指标主要包括9个（见表2-4）。

表2-4 区域经济发展规模的指标

变量	指标内容
Y_1	国内生产总值
Y_2	人均国内生产总值
Y_3	财政支出
Y_4	财政收入
Y_5	城镇可支配收入

续表

变量	指标内容
Y_6	农村纯收入
Y_7	居民消费支出
Y_8	工业总产值
Y_9	固定资产投资额

反映职业教育发展规模的指标主要包括 6 个（见表 2-5）。

表2-5　职业教育发展规模的指标

变量	指标内容
X_1	职业学校数
X_2	毕业生数
X_3	招生数
X_4	在校学生数
X_5	学校职工数
X_6	专任教师数

　　根据数据来源的可取性和方便性原则，我们可选取人均国内生产总值 Y_2 为区域经济发展规模的代理变量，选取在校生数 X_4 为职业教育发展规模的代理变量，建立基础模型：

$$Y_2 = \alpha + \beta X_4 + \mu$$

　　简单来看，我们可以利用该回归方程的相关系数来简单判断区域经济发展和职业教育规模之间是否存在相关性以及相关性的大小，进而说明二者之间的协调性问题。

（二）区域经济与职业教育的结构协调性研究

　　根据国家统计局 2017 年《国民经济行业分类》划分标准，第一产业是指农、林、牧、渔业（不含农、林、牧、渔服务业）。第二产业是指采矿业（不含开采辅助活动）、制造业（不含金属制品、机械和设备修理业）、电力、热力、燃气以及水生产和供应业、建筑业。第三产业即服务业，是指除第一产业、第二产业以外的其他行业。第三产业包括批发和零售业，交通运输业、仓储和邮政业，住宿和餐饮业，信息传输、软件和信息技术服务业，金融业，房地产业，租赁和商务服务业，科学研究和技术服务业，水利、环境和公共设施管理业，居民服务、修理和其他服务业，教育，卫生和社会工作，文化、体育和娱乐业，公共管理、社会保障和社会组织，国际组织，以及农、林、牧、渔业中的农、林、牧、渔服务业，采矿业中的开采辅助活动，制造业中的金属制品、机械和设备修理业❶。

因此，反映区域经济发展结构的指标主要包括12个：A_1，A_2，A_3是概括性指标，A_4，A_5，…，A_{12}是细分指标。具体见表2-6。

表2-6　区域经济发展结构的指标

变量	指标内容
A_1	第一产业占GDP比重
A_2	第二产业占GDP比重
A_3	第三产业占GDP比重
A_4	农、林、牧、渔业占GDP比重
A_5	工业占GDP比重
A_6	建筑业占GDP比重
A_7	批发和零售业占GDP比重
A_8	交通运输、仓储和邮政业占GDP比重
A_9	住宿和餐饮业占GDP比重
A_{10}	金融业占GDP比重
A_{11}	房地产业占GDP比重
A_{12}	其他产业占GDP比重

与国家统计局的产业划分标准相对应，第一产业的专业应包括农、林、牧、渔大类，第二产业的专业大类包括材料与能源、资源开发与测绘、土建、制造以及轻纺食品专业，第三产业的专业大类是除去第一、二产业对应的专业以外的剩余专业。

❶ 赵倩：《青海省高等职业教育与区域经济协调发展研究》，《柴达木开发研究》，2016年第1期，第31～34页。

因此，反映区域职业教育专业结构的主要指标有 12 个，B_1，B_2，B_3 是概括性指标，后面 9 个包括 B_4，B_5，…，B_{12}，是细分指标（见表2-7）。

表2-7 区域职业教育专业结构的指标

变量	指标内容
B_1	第一产业对应专业占专业总数比重
B_2	第二产业对应专业占专业总数比重
B_3	第三产业对应专业占专业总数比重
B_4	农、林、牧、渔业对应专业占专业总数比重
B_5	工业对应专业占专业总数比重
B_6	建筑业对应专业占专业总数比重
B_7	批发和零售业对应专业占专业总数比重
B_8	交通运输、仓储和邮政业对应专业占专业总数比重
B_9	住宿和餐饮业对应专业占专业总数比重
B_{10}	金融业对应专业占专业总数比重
B_{11}	房地产业对应专业占专业总数比重
B_{12}	其他专业对应专业占专业总数比重

对区域产业结构和职业教育专业结构协调性进行比较的最简单办法，就是对 A_1 与 B_1，A_2 与 B_2，A_3 与 B_3 这 3 组指标，或者从 A_4 与 B_4，A_5 与 B_5，A_6 与 B_6，…，A_{12} 与 B_{12} 这 9 组指标一一进行对比。每组两个数值越接近，表示越协调；两个数值相差越大，表示协调性越差。

总之，一个国家的经济发展程度会影响国家职业教育投入的规模、办学规模、发展速度和人才培养质量，一个区域的经济总量水平也会使职业教育规模存在差异。一般而言，经济发展水平越高的地区，社会能提供的就业机会越多，高技能人才的需求量也越大，所以对职业教育的需求规模和层次也会不断上升。同时，经济的发展一方面需要淘汰技能落后的劳动力；另一方面又需要掌握新技术、新方法和新手段的劳动力，这就要求职业教育根据经济发展水平及时调整专业结构、层次结构，更新教学内容。职业教育的发展速度和质量也取决于地区经济的实力状况。职业教育各项保障条件的落实是以资金投入为前提、基础的，没有经济条件作为物质后盾，职业教育的发展速度就无从谈起，只有在各项条件都落实到位的情况下，才能保证教学活动的正常运行，进而进入发展的快车道。因此，职业教育质量很大程度上受制于区域经济水平。只有从总量和结构两个层面保持区域经济发展与职业教育的平衡与适应关系，才能使二者之间相互适应、相互促进、共同协调发展。

第三章　区域产业结构与职业教育的交互机理

第一节　区域产业结构与职业教育的交互关系

一、产业转移与职业教育的互动

（一）产业转移的理论概述

1. 产业转移的概念

所谓产业转移，是指资源供给或产品需求条件发生变化后，某些产业从某一地区或国家转移到另一地区或国家的一种经济过程。产业转移是一个具有时间和空间维度的动态过程，是一个包含国际与地区间投资与贸易活动的综合过程，是对产业构成要素的国际移动或地区间移动的描述，是国际或地区间产业分工形成的重要因素，也是转移国或地区与转移对象国和地区产业结构调整和产业升级的重要途径。

2. 产业转移的形成基础

之所以会发生产业转移，是因为各国或地区之间存在着产业梯度，即国家或地区间由于经济发展水平、技术水平和生产要素等的不同，形成了产业结构发展阶段上的相对差异，这种差异具体表现为发达与次发达、不发达国家或地区之间，在产业结构层次上形成了明显的阶梯状差异，并按高低不同呈阶梯状排列。

由于这种产业梯度的存在以及各国或地区产业结构不断升级的需要，一国或地区相对落后或不再具有比较优势的产业，可以转移到其他与该国或地区存在产业梯度的国家或地区，成为其他国家或地区相对先进或具有相对比较优势的产业，从而提高吸收方的产业结构层次与水平，这就是产业结构在国家间或地区间的梯度转移规律。

3.产业转移的基本理论

较早涉及产业转移理论的是日本经济学家赤松要于 20 世纪 30 年代提出的"雁行产业发展形态说",这一理论后来经过小岛清的发展成为 20 世纪 70 年代日本向 ANIES(亚洲新兴工业国和地区)和 ASEAN(东盟国家和地区)进行产业转移,推动本国经济发展的重要理论根据。对产业转移理论做出贡献的还有美国经济学家雷蒙德·弗农,他在 20 世纪 60 年代提出了"产品生命周期论",对地域间或国际产业与产品的周期性发展进程,以及由此导致的产业和产品的转移做了系统的描述和理论上的总结。20 世纪 90 年代以来,有关产业转移的理论有了新的进展,主要表现为产业转移理论与国际经济学及国际经营学理论的联系日趋紧密。在日本经济学家小岛清的"边际产业扩张论"的基础上,一些日本学者强调,产业转移是产业结构调整国际化的载体,因为产业结构调整总是伴随着产业跨国转移和企业跨国经营。

(二)产业转移与职业教育的互动关系

1.产业转移影响职业教育的办学层次

当某一国家或地区向另一国家或地区进行产业转移时,产业转移对双方的产业结构与职业教育都会产生一定的影响。

对转出区而言,由于转移出去的产业大多是不适合在本地区发展的产业,其中有许多是迫于地区产业结构调整和升级的压力而向外迁移的。正是因为这些已不适合在本地区发展的产业能够及时转移出去,这些地区才有能力和精力去培育发展一些更高层次的新兴产业,特别是先进加工制造业和高新技术产业。

因此,产业转移往往带来转出区产业的高度化发展,即传统产业逐步退出,新兴产业涌现并逐步发展。作为新兴产业发展的支撑力,产业的技术结构也必向高度化方向发展,而技术结构的变化在很大程度上依赖于职业教育对技术人才培养层次的变化。因此,为了适应产业转移的需要,与传统的产业相对应、相匹配的职业教育层次结构会发生相应的变化,即伴随着产业的高度化发展,职业教育办学层次也将向更高层次发展。

对转入区而言,某一产业被移入本地区,必然要求增加相应的产业工人,从而增加本地区的就业机会。但由于转移来的产业对本地而言往往是新兴的产业,对劳动者的素质也有更高的要求❶。这就造成了产业发展对高

---

❶ 张烨:《高职院校专业设置与农业产业结构调整契合度研究——以唐山区域农业产业结构为例》,《河北能源职业技术学院学报》,2020 年第 20 卷第 4 期,第 12～14 页,第 18 页。

素质劳动力的需求，与本地区劳动力实际供给之间存在矛盾。为了解决这一矛盾，职业教育必然要担负起责任，在人才培养层次上有所提高，以适应产业健康发展的需要。

总之，产业转移无论是对转出区而言，还是对转入区而言，都将促使该区的职业教育提高办学层次。

2.产业转移影响职业教育的专业设置

产业转移对转出区来说是为了发展新兴产业，从而带动地区经济的新一轮增长；对转入区来说，转入的产业本身就具有一定的优势。因此，对双方而言，都意味着产业的高度化发展。

产业高度化发展必然影响职业教育的专业设置。

（1）产业高度化发展往往伴随着各行业更加细分，由此需要更加精专的产业工人，从而导致培养产业工人的职业教育的专业设置也更加细分。对产业转出区来说，产业转移导致新兴产业的不断涌现，这些产业从产生到高速发展再到成熟都需要与之相应的人力资源做保证，其中很大一部分人才的培养，尤其是技术型人才的培养，都要由职业教育来承担，因此，新兴产业的出现，必然使与产业对应的专业应运而生。同时，由于某些产业向外转出，针对这些产业来培养产业工人的专业设置将会缩减甚至退出。对产业转入区来说，其职业教育也要为转入的产业培养产业工人，增加与该产业对应的专业设置，在这一点上，可以引进产业转出区的教学资源。若转入的产业对区域内某些传统产业具有替代效应，则该传统产业将缩减，相应地，为之提供人才培养任务的专业也将缩减。

（2）专业设置更注重整体性与关联性。产业转移对转入区而言具有传递扩散功能，可以带动相关产业的发展。因此，职业教育应根据本地的实际情况，在专业设置上不仅要考虑到为转入产业的发展提供人力保障，也要为相关产业的发展提供人才储备，注重专业设置的整体性和关联性。相近的专业人才之间针对特定的工作岗位具有一定的替代性，以及专业人才在不同区域之间具有一定的流动性，从而导致区域内职业教育的专业设置与产业转移情况并非一一对应。

3.产业转移影响职业教育的地区分布

产业的发展与职业教育的发展具有一定的互动关系：一方面某地区产业的发展水平高，往往代表了该地区经济比较发达，那么在劳动力就业、教育投入等方面必有优势，从而推动职业教育的发展；另一方面职业教育的良好发展为产业的发展提供了人力资源的保证，在技术创新上必然具备优势，从而推动产业不断向高度化方向发展。

既然产业的发展与职业教育的发展存在互动关系，那么产业转移必然会引起职业教育的变化。

4.职业教育的良好发展为产业转移提供了智力保障

职业教育的发展将有利于产业转移的顺利实现。对转出区而言，职业教育的高度发展使得转出区具备较多的高技能型人才和创新型人才，这些人才对新兴产业的培育和发展壮大形成了巨大的推动力，而新兴产业的发展，将使得转出区的某些产业，成为该地区产业结构调整和升级的压力，从而推动这些产业向外转移。因此，对转出区来说，职业教育的发展会促进某些产业向外转移；对转入区而言，由于产业转入区通常相对产业转出区来说，其经济发展程度处于落后地位，他们利用转出区的经济辐射和产业转移的机会较多，这些地区职业教育的适度超前发展可以为顺利迎接相对本地区而言的先进产业转移做好人力资源方面的准备❶。因此，对转入区来说，职业教育的发展为外部产业移入提供了良好的人力资源环境，有利于产业的顺利转入。

产业转移与职业教育之间存在着互动关系，主要表现为产业转移影响职业教育的办学层次、专业结构及地区分布。反过来，职业教育层次不断提高，专业设置更加合理，办学地域不断扩大，为产业顺利转移提供了良好的基础，为产业在本地迅速发展壮大提供了劳动力和技术上的保证。但是专业相近的人才之间具有可替代性及人才的流动性，导致产业转移与职业教育在专业结构、地区分布之间并不是完全对应的关系。

二、产业布局与职业教育的互动

（一）产业布局理论概述

产业布局是指人们对产业空间分布的规划，它是资源在空间配置的一种重要方式，其主要任务是研究产业空间的分布规律，促进产业经济的合理分布。

产业布局与产业分布不同，产业分布是在市场机制作用下已经形成的

---

❶ 党婧：《职业教育服务区域经济发展能力的研究——基于山西省的分析》，《教育理论与实践》，2020年第40卷第6期，第25～27页。

产业空间形式，而产业布局则是对产业所做的人为再分布。产业布局具有加速产业空间演变，使产业分布符合国家整体利益以及纠正不合理的产业分布的作用。

产业布局具有多种理论模式，如增长极布局模式、点轴布局模式、网络布局模式等。以下主要介绍前两种模式，因为网络布局模式实质上就是点轴布局模式的延伸。

1. 增长极布局模式

增长极布局模式理论是由法国经济学家佩鲁提出的，其核心内容是：在一国经济的增长过程中，某些主导产业或者有创新力的企业在特定区域或城市聚集，从而形成资本和技术的高度集中，增长迅速并且有显著的经济效益的经济发展机制。

根据这一理论，在进行产业布局时，可以首先通过选择区域主导产业，然后采取各种直接和间接措施，将所选择的主导产业嵌入该地区，形成集聚经济，产生增长极，促进地区经济的发展。

2. 点轴布局模式

点轴布局模式理论的核心是：社会经济客体大都在点上集聚，通过线状基础设施而联成一个有机的空间结构体系。从产业经济发展空间看，产业特别是工业首先集中在少数条件较好的城市，呈点状分布，这种产业（工业）点，也就是区域增长极。点和点之间由曲线基础设施联系在一起。随着经济的发展，点与点间经济联系加强，必然会建设各种形式的交通通信线路使之相联系，这一线路即为轴。轴线首先为点服务，但它一经形成就会吸引产业和人口向轴线两侧聚集，并产生新的点，进而由点带轴，由轴带面，促进区域经济发展。

（二）产业布局与职业教育的互动关系

以上两种产业布局模式对产业的发展会产生两种效应，即产业集聚效应和产业扩散效应。

产业集聚（也称产业集群）是指大量相同或相关企业按照一定的经济联系集中在特定的地域范围，形成一个类似生物有机体系统的产业群落。产业集聚对系统内的企业具有很多好处，如可以提高生产率、刺激创新、形成产业品牌等。

产业扩散是指当产业集聚到一定程度后，其向周边地区扩展的形式。产业之所以向周边地区扩散：一是因为集聚体本身有一个生长的过程，随着其范围的扩大，周围地区不断被涵盖到集聚体内，成为集聚体的一部分；二是因为集聚过度而导致的规模不经济，生产及经营成本上升，从而导致产业向外扩散。

1. 产业集聚与职业教育互动

产业集聚的形成往往先是区域内主导产业在某一点上的集中，进而围绕主导产业，许多相关产业在区域内发展，形成一个以主导产业为中心的产业体系。产业集聚的形成与发展与职业教育在区域内的形成与发展具有密切的关系：

（1）产业集聚促使区域内职业教育的产生。产业集聚的过程不单是某一特定产业的大量企业高度集聚，也是一个不断完善的服务体系的建设过程。当一些同类型的企业（通常为主导产业）因为地理因素、政策因素、人文因素等向某个地区集中时，因为规模经济使得区域内该产业的竞争力提高，根据波特的"钻石"理论，提高竞争力是产业集聚的内在动力之一，随着这种竞争优势的外部体现，将会吸引更多的相关企业加入产业群体。

产业规模的不断扩大，必然要求建立相应的配套服务设施体系来支撑产业的进一步发展，如交通体系的建设、金融机构的涉入以及教育业的发展。随着产业的发展，产业对劳动力的数量及素质均有更多、更高的要求，这些要求会催生教育培训业，尤其是职业教育业的产生及发展。

（2）集聚的产业群与职业教育专业群的互动。由于产业集聚通常不是某个单一产业的集中，而是以某一产业（通常是主导产业）为中心的产业群体。为了为产业群的发展提供各类合格人才，相应地，职业教育的发展也应建立了与产业群相对应的专业群。

（3）可相互提升知名度，利于品牌建设。在产业集聚区内，由于产业领域比较集中，集聚区所生产的一些主要产品一般都在全国甚至世界市场上具有较强的竞争力，占有较高的市场份额，享有相当的知名度。随着产业集聚的成功，产业集聚所依托的产业和产品不断走向世界，自然就形成了一种世界性的区域品牌。区域品牌与单个企业品牌相比，更形象、直接，是众多企业品牌精华的浓缩和提炼，更具有广泛的、持续的品牌效应。这种区域品牌是由企业共同的生产区位产生的，一旦形成之后，就可为区内所有企业所享受。

产业集聚区域品牌形成后，在区域内对该产业的发展起支持作用的职业院校也会受到正面积极的影响。如果这些职业院校采取一定的宣传手段，无疑对提高职业院校的知名度有很大的帮助。随着职业院校知名度的提升，职业院校在资金来源方面、在生源质量及数量方面均会有所改善，有助于提高职业院校的办学条件及办学效果。其结果是职业院校将会为区域产业的发展提供更加优秀的人才，从而为进一步壮大产业创造良好的条件。

2. 产业扩散与职业教育互动

产业扩散通常有两种形式，即近域扩散和等级扩散。近域扩散是指经济要素从中心极核点（地带）向周边地区逐渐铺开，依次扩散。等级扩散是指经济要素从中心极核点（地带）优先向下一级中心极核点（地带）扩散，可能会跨越一定的空间，向较远的地区扩散，如图 3-1 所示。

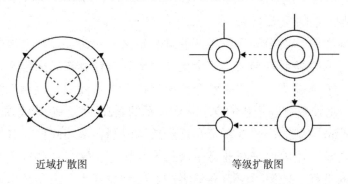

近域扩散图　　　　　　　　　等级扩散图

图 3-1　近域扩散和等级扩散图

产业向哪个方向扩散首先取决于技术因素，其次是成本因素。技术含量高的产业，往往采用等级扩散，向技术梯度差较小的方向扩散，如微电子技术从美国传到日本。技术含量较低的产业往往采用近域扩散，如上海的简单加工业向长三角地区扩散。

产业扩散的形式和方向对职业教育产生两个方面的影响：一是影响职业教育的布局，二是影响职业教育的办学层次。

对于一些技术含量较低的产业，由于其往往采用的是近域扩散的方式，这种方式常见的是产业由某个中心城市向其周边城区扩散，带动周边地区经济的发展。随着产业向周边城区的扩散，相应地，为了服务于这些城区产业的发展，职业教育便顺应而生。这样，通过产业向周边扩散，职业教育的覆盖面也会越来越广。我国目前基本上每一个县市都有职业院校，它们为地方经济的发展做出了很大的贡献。

对于一些技术含量较高的产业，其往往采用的是等级扩散的方式，即由一个极点向另一个存在一定技术梯度差的极点扩散。例如，A 国（地区）

向 B 国（地区）的扩散，当产业进入 B 国（地区）后，为了满足产业发展所需的技术，B 国（地区）的职业教育在办学层次上将会有所突破。

职业教育的适度超前发展，将使本地区形成一定的技术基础，这对于发展外地扩散来的产业，无论是近域扩散还是等级扩散，都将具有优势。

三、产业融合与职业教育的互动

（一）产业融合理论概述

随着技术革新的不断发展，产业融合正日益成为产业经济发展中的重要现象。针对这一经济现象，国内外诸多学者进行了理论探讨。

1. 产业融合的含义

美国学者格林斯坦和卡纳将产业融合定义为：为适应产业增长而发生的产业边界的收缩或者消失。这个定义主要针对计算机、通信和广播电视业的融合。植草益认为：产业融合是通过技术革新和放宽限制来降低行业间的壁垒，加强各行业企业的竞争合作关系的。20 世纪 90 年代以来，曾一度被政府严格限制的产业现在正在逐步放宽限制，从而降低了各行业间的壁垒，加之各产业内促进行业竞争的技术在快速发展，这些因素都推进了产业融合的进程。经济学学者马健将产业融合概括为：由于技术进步和放松管制，发生在产业边界和交叉处的技术融合改变了原有产业产品的特征和市场需求，导致产业的企业之间竞争合作关系发生改变，从而导致产业界限的模糊化甚至重划产业界限。他同时认为技术革新是产业融合的内在原因，经济管制的放松是产业融合的外在原因。聂子龙、李浩认为：所谓产业融合是指不同产业或同一产业内的不同行业相互渗透，相互交叉，最终融为一体，逐步形成新产业的动态发展过程；同时，这一过程还会使既有产业退化、萎缩甚至消失。

综上，我们认为，产业融合是指由于技术进步和政府放宽限制，使不同产业或同一产业内的不同行业之间趋于融合，形成新产业的过程，从而导致原有产业的边界模糊。

2. 产业融合的形式

通常认为，产业融合有三种形式，即产业渗透、产业交叉和产业重组。

产业渗透往往发生在高科技产业和传统产业的产业边界处。由于科学技术日新月异，高新技术不断获得突破，以高新技术为核心的产业逐渐成长起来并逐步向传统产业延伸。由于高新技术往往具有渗透性，一旦渗透到传统产业中，就会极大地提高传统产业的效率。20世纪90年代后信息和生物技术对传统产业的渗透融合产生了诸如机械电子、航空电子、生物电子等新兴产业。而互联网的发展对传统产业渗透的例子更是数不胜数，电子广告、电子图书、远程教育、远程医疗、网上书店等都是高科技产业与传统产业相互融合的证明。

产业交叉是通过产业间的功能互补和延伸来实现产业间的融合的。产业交叉往往发生在高科技产业的产业链自然延伸的部分，由于技术融合、业务融合和市场的融合，这种延伸将产生产业边界的交叉融合，最后导致产业边界的模糊或消失。这些发生交叉的产业往往并不是全部融合，而只是"部分的合并"，原有的产业继续存在，因此这也使得融合后的产业结构出现了新的形式。产业交叉的例子在研究中出现比较多的是电信、广播电视和出版等产业的融合。

产业重组是实现产业融合的重要手段，是产业融合的另一种形式。这一形式主要发生在具有紧密联系的产业之间，这些产业往往是某一大类产业内部的子产业。比如，第一产业内部的农业、种植业、养殖业、畜牧业等子产业之间，可以通过生物链重新整合，融合成生态农业等新的产业形态。这种新产业形态代表了产业的发展方向，既适应市场需求，又提高了产业效率。

（二）产业融合与职业教育的互动关系

产业融合对职业教育的专业结构及职业教育的地区分布会产生影响。

（1）产业融合影响职业教育的专业结构。由于产业融合是不同产业或同一产业内部不同行业之间通过渗透、交叉或重组而形成新产业的过程，无论是通过哪一种融合形式，其最终结果是导致新产业的诞生。由于新产业兼具融合前多个产业的特征，并比原产业更加复杂化，因此，为了促进融合后新产业的发展，仅拥有原来单一产业的技术是不够的。比如，生物制药业是现代的生物技术与传统的制药业融合的产物，如果仅拥有传统的制药技术而不懂得现代生物技术，就无法支撑生物制药业的进一步发展。为了促进融合后新产业的发展，就需要职业教育对专业结构进行调整、整合，使专业结构与产业结构相匹配。由于专业是由课程体系构成的，职业教育进行专业调整，重点在于重构课程体系，使知识构成与新产业的技术特点相吻合。

（2）产业融合影响职业教育的地区分布。产业融合对职业教育地区分布有两个方面的影响：一方面由于产业融合后出现了新产业，这些新产业的地区分布问题对职业教育的地区分布产生影响，即形成一股力量，促使职业教育地区分布与新产业的地区分布相对应。这是产业融合在有形区域上对职业教育地区分布的影响；另一方面产业融合本身就可能涉及新科技与传统教育模式的融合，从而产生了新的教育模式，而这种模式突破了传统职业教育的地域限制。比如，现代的网络技术与传统的职业教育融合后，产生了诸如远程教育、网络教育的模式，使得教育突破了空间上的限制。这是产业融合在无形区域上对职业教育地区分布的影响。

职业教育反过来推动产业融合向更深层次发展。一旦职业教育进行了专业结构调整，产生了与产业融合相适应的新专业，必将促进产业向更紧密的方向融合。例如，生物制药专业将促使生物技术与制药技术更紧密地结合。同样，职业教育的区域分布与融合后新产业的分布相适应，则为新产业的发展提供人力支持，从而促进新产业的发展。当然，不同专业的人才之间存在一定的替代性及知识的互补性，使得专业结构与产业融合的互动并不完全对应；人才具有的流动性及职业教育地区分布的历史原因，使得职业教育地区分布与融合后新产业的地区分布并不完全对应。

第二节 区域产业结构与职业教育交互模型的构建

一、构建交互模型的目的及原则

（一）构建交互模型的目的

1. 直观反映产业结构与职业教育的互动关系

在上一章，笔者对产业结构与职业教育的互动关系进行了比较详细的分析，但由于这些分析围绕着各自的主题展开，还缺乏连贯性，在有些内容描述上还存在一些交叉。通过产业结构与职业教育互动模型的构建，进一步厘清两者之间的关系，并以简单的直观图表现出来，是构建模型的主要目的之一。

2. 多角度寻求产业结构与职业教育互动的特点

通过模型的构建，以整体的、系统的思维来考查产业结构与职业教育之间的互动，有两个好处：一方面从产业结构与职业教育的关系来考查，对其中任何一方而言，对方均是作为一个外部因素而存在的。将产业结构的内容和特点与职业教育的内容和特点之间的关系表现出来，正是反映了各自的外部规律；另一方面从产业结构与职业教育各自的内部着手，寻求其内部的一些规律性的特点，反映了其内部规律。内外两方面的结合，使得产业结构与职业教育的互动关系形成一个循环的系统。

3. 针对本次研究的实际需求形成进一步深化

任何事物都是动态发展的，而非静止不变的。随着社会经济的发展，产业结构不断向合理化和高度化方向发展。为了适应社会需求，职业教育也处于不断完善的过程之中。构建产业结构与职业教育的互动模型，体现出其动态发展的趋势，对进一步研究两者之间的关系有一定的指导意义。

（二）构建互动模型的原则

1. 体现互动的原则

互动是一种使对象之间相互作用而彼此发生积极改变的过程。构建产业结构与职业教育交互模型，目的在于清楚地反映两者互动的内容，从而为互动战略的实施提供理论指导。

2. 简单直观的原则

模型以比较直观的图形表示，力求简洁地反映产业结构与职业教育之间，以及产业结构与职业教育各自内部的关系。

3. 整体性原则

遵循整体性原则，便于撇开一些细枝末节问题，厘清产业结构与职业教育互动的主体框架，便于从战略的高度审视产业结构与职业教育的互动，从有关产业结构与职业教育大的方面把握两者的关系。

4. 具体性原则

具体性原则是在整体性原则的基础上，在已有大框架的前提下，对产业结构与职业教育互动关系的内涵进行细致考虑，使互动体系更加充实丰满。

5. 动态发展的原则

模型在一个循环系统的基础上考查产业结构与职业教育的互动关系。随着社会经济的发展，产业结构与职业教育随时都在进行调整，向着更加合理的方向发展，这是一个动态的发展过程。

二、交互模型的具体构建

由于需求的长鞭效应，产业结构与职业教育之间互动关系的形成主要是以就业结构为纽带的。就业结构反映了产业结构尤其是产业结构的收益水平、产业之间收入的相对差别。不同产业之间的收益综合水平的差异（收入差异、工作环境差异、社会地位差异等）对就业人员具有不同的吸引力，就会形成产业结构的就业导向。而职业教育是以就业为导向的，职业教育的办学目的是提高学生职业能力，从而促进其就业。这样，产业对人才的需求与职业教育对人才的供给在就业处得到统一。

产业结构与职业教育的互动涉及三方主体，即产业、职业院校与政府行政部门，也涉及社会中介。其中，产业与职业院校之间的关系构成产业结构与职业教育的互动关系。在互动关系的形成过程中，政府行政部门处于主导地位，从整体利益出发，不仅为产业结构与职业教育互动关系的形成创造良好的政策、法律等外部环境，同时积极主动培育中介（如行业协会、专业学会、职教集团等），积极引导中介成长、发展并参与到产业界与职业院校合作的事宜中，促成产业界与职业院校之间的合作。

对于任何一个国家或地区，其产业结构总是处于不断地调整变化之中，向着合理化与高度化方向发展，由较低级的结构水平向较高级的结构水平演变，这是产业结构演变的基本趋势。在产业结构演变、产业转移、产业布局、产业融合的过程中，从产业结构演变到产业融合，完成了产业结构变化的一个周期。

职业教育具有不同的层次，职业教育的层次结构与经济发展程度联系在一起，经济发展水平主要取决于产业发展水平。

通常，经济发展水平比较高的国家或地区，其职业教育以高等职业教育为主，对于经济发展水平比较低的国家或地区，则以中等职业教育为主。

经济的发展、产业结构水平的提高，对支撑产业发展的劳动者素质将有更高的要求，必然进行专业结构调整，也必然要求对课程体系进行重新设计，从而拉动一国或地区职业教育的发展。

伴随产业的发展，职业教育的层次、专业结构及课程体系均会发生改变，产业结构的周期性变化导致职业教育在专业结构上也呈现出周期性的变化。通过对产业结构、职业教育发展规律的分析可以得出产业结构与职业教育的交互模型，如图3-2所示。

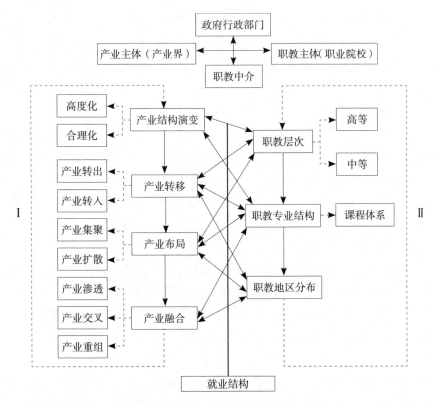

图 3-2　产业结构与职业教育互动模型

三、交互模型的深度剖析

（一）模型描述了职业教育层次与产业结构的互动

模型反映了产业结构与职业教育的互动，涉及三方主体的关系，即产业界、职业院校与政府行政部门。其中，产业界与职业院校之间的关系构成产业结构与职业教育的互动关系，在互动关系的形成过程中，政府行政部门处于主导地位，从整体利益出发，不仅为产业结构与职业教育互动关系的形成创造良好的政策、法律等外部环境，同时积极主动地参与到产业界与职业院校合作的事宜中去，促成产业界与职业院校之间的合作。

（二）模型反映了产业结构内部具有一定的规律性

对于任何一个国家或地区而言，其产业结构总是处于不断地调整变化之中，向着合理化与高度化方向发展，由较低级的结构水平向较高级的结构水平演变，这是产业结构演变的基本趋势。

在产业结构演变的过程中，由于国家或地区之间存在差异性，不同的区域其产业发展水平也会存在一定的差异，从而导致产业梯度的形成。产业梯度的存在是产业转移的基础，产业转移是资源供给或产品需求条件发生变化后某些产业从某一地区或国家转移到另一地区或国家的一种经济过程。产业转移对转出区和转入区的结构升级都具有好处。

对产业转出区来说，转出的产业往往是那些在本区域已不具有优势的产业，在转出这些产业的同时，必然有新的具有优势的产业在本区域发展，这些产业可能是从其他区域转入进来的或是由本区域自身发展壮大的；对产业转入区来说，接收转移进来的产业通常是在本区域具有优势的产业。因此，产业转移对双方而言都是有利的。那么，对产业转移的双方而言，都将涉及新产业的布局问题。

产业布局是人们对产业空间分布进行的规划，它是资源在空间配置的一种重要方式。合理的产业布局有利于区域内产业的良性发展，通过集聚与扩散效应，将会由点带面地提升区域产业结构水平，促使产业结构向更高级的形态演变，产业结构的演变过程又将带来新一轮的产业转移与产业布局，如此螺旋式地推动产业结构总体水平不断升级。

随着产业的发展，尤其是高新技术产业的发展，在产业演变的过程中出现了一个新现象，即产业融合现象。产业融合现象是当前理论界研究的一个前沿问题，虽然理论界对产业融合的定义还没有统一，但共同的看法是：与传统的具有明确边界的产业结构不同，产业融合现象使产业之间的边界模糊，从而可能引起产业结构的变革❶。

产业结构内部规律性见互动模型中Ⅰ（图3-3）。从模型中可以看出，从产业结构演变到产业布局，均是在现有的产业边界情况下发展的，而产业融合使得现有的产业边界模糊，并可能重划产业边界。可见，从产业结构演变到产业融合，完成了产业结构变化的一个完整周期。一旦产业边界重新界定，即开始了新一轮的产业结构变化。

（三）模型反映了产业结构与职业教育之间的互动关系

产业结构与职业教育之间互动关系的形成是以就业结构为纽带的。就业结构反映了产业结构，尤其是产业结构的收益水平、产业之间收入的相

---

❶ 张三：《基于区域产业经济结构 促进职业教育内涵建设》，《辽宁高职学报》，2016年第18卷第12期，第7～9页，第56页。

对差别。不同产业之间的收益综合水平差异（收入差异、工作环境差异、社会地位优劣等）对就业人员具有不同的吸引力，从而形成产业结构的就业导向。而职业教育是以就业为导向的，职业教育的办学目的是提高学生职业能力，从而促进学生就业。这样，产业对人才的需求与职业教育对人才的供给在就业处得到统一。

1.模型描述了职业教育层次与产业结构的互动，表现在职教层次与产业结构演变、产业转移和产业布局三个方面

（1）在产业结构演变的过程中，产业的技术复杂程度不断提高，产业的这种变化趋势使得按照原有职教层次培养的劳动者无法承担现有的技术复杂的岗位工作，表现在就业结构上，就是高层次劳动者供应不足，而低层次劳动者则过剩。解决供求不平衡的办法是提高职业教育办学层次，改变人才供给的层次结构。因此，产业结构演变推动职业教育办学层次的提高。反过来，一旦职业教育办学层次与产业结构水平相适应，劳动者素质满足了产业发展的需要，就会推动产业结构高度化发展。

（2）由于产业转移对转出区和转入区而言，都预示着提升本地区产业结构水平，产业结构水平的提升必然与职业教育在层次上的变化相对应、相互促进，这是产业转移与职业教育层次的互动。

（3）产业的合理布局会产生产业集聚效应和产业扩散效应。产业集聚是指大量相同或相关企业按照一定的经济联系集中在特定的地域范围，形成一个类似生物有机体系统的产业群落。产业集聚并非单一产业在空间上的集中，而是一个产业体系的形成，包括作为服务系统中的职业教育业在集聚区的发展。由于集聚区内资源更易共享，技术更易进步，相应地，对技术人才的需求层次较高，所以产业集聚可以推动职业教育层次的提高。

从以上三点分析可知，职业教育与产业结构演变、产业转移及产业布局存在着互动关系：产业结构演变、产业转移、产业布局会推动职业教育层次的提高，相应地，合理的职业教育层次也可以促进产业进一步良好发展。互动的吻合程度取决于职业教育对市场需求变化反应的灵敏度。若职业教育层次无法满足产业发展的需求，则会阻碍产业健康快速发展；若职业教育层次过高，则会导致教育"过度"。

2.模型描述了职业教育专业结构与产业结构的互动

（1）专业结构与产业结构演变的互动。在不同时期，产业结构呈现出不同的状况，不仅表现在各大产业之间结构上的变化，各产业的内部结构

也在变化。比如，三大产业结构发生变化、新兴产业涌现等。这些变化必然要求职业教育的专业结构进行相应的调整，以适应产业发展之需。

（2）专业结构与产业转移的互动。产业转移对转出区来说，会有新的产业来填补转移出去的产业；对转入区来说，转入的产业对本地区而言，即相当于一个新产业，区域内职业教育为适应新产业对人才的需求，必然改变其专业结构，培养产业发展所需人才，这是产业转移与职业教育专业结构的互动。

（3）专业结构与产业布局的互动。产业布局是人们对产业空间分布的规划。因此，不同的经济区域体现出不同的产业特色。为了满足不同区域内产业发展的需要以及节约资源流动的成本，职业教育就需要针对本区域的产业特点，来设置其专业，为区域内产业发展提供对口的人才。

（4）专业结构与产业融合的互动。产业融合有三种形式，即产业渗透、产业交叉和产业重组。产业渗透往往发生在高科技产业和传统产业之间，如20世纪90年代后，信息和生物技术对传统产业的渗透，产生了机械电子、生物电子等行业。产业交叉是通过产业之间的功能互补和延伸实现产业融合的，如电信、广播电视、出版等行业的融合。产业重组主要发生在具有紧密联系的产业之间，这些产业往往是某一大类产业内部的各子产业，如农业、种植业、畜牧业之间通过生物链重新整合，融合成生态农业等新的产业形态。不管通过哪种方式进行产业融合，融合后或者产生了新的产业，或者大大提高了原产业的复杂程度，因此，职业教育必须适应产业融合的结果，设置新的专业，同时改变课程体系。

从以上分析可知，产业结构影响着职业教育的专业结构，反过来，与产业结构特点相适应的专业结构必会为产业发展提供合适的人才，从而推动产业的发展。但是，由于专业结构相比社会对人才需求的多样变化更具有稳定性，以及不同专业的人才之间在一定程度上具有可替代性等，专业结构并非与产业结构状况绝对互动。

3. 模型描述了职业教育地区分布与产业结构的互动

（1）职业教育地区分布与产业转移的互动。对于一些比较落后的地区，从外部转入的产业将会刺激当地经济的发展，从而增加对职业技术人才的需求，促使职业教育在落后地区产生。

（2）职业教育地区分布与产业布局的互动。由于产业布局不仅会产生产业集聚效应，当产业集聚到一定程度后，还会产生产业扩散效应，即产业向周边地区进行扩展。产业扩散对职业教育产生影响，与产业转移对职业教育的影响类似，同样会影响职业教育的地区布局。

（3）职业教育地区分布与产业融合的互动。随着产业的发展及高科技产业的广泛应用，产业融合现象越来越普遍。产业渗透、产业交叉及产业重组等正使传统的产业边界模糊，其结果是新产业不断涌现。现代网络技术通过产业渗透方式，与传统的教育业进行融合，产生了远程教育、网络教育等新教育模式，突破了传统教育的地域限制，对传统的职业教育地区分布产生了深远的影响。

从以上分析可知，产业转移、产业布局与职业教育的地区分布存在互动关系，但由于实践中人才的广泛流动，以及历史原因使得职业教育地区分布难以迅速改变等，职教地区分布与产业转移、产业布局等并非绝对互动。而产业融合更是突破了传统的地域限制，对职业教育的地区分布由有形变为无形。

总之，该模型体现了实施产业结构与职业教育互动的各方关系，描述了产业结构内部、职业教育内部以及产业结构与职业教育互动关系的一些规律。

第三节　区域产业结构与职业教育交互的战略分析

一、产业结构与职业教育互动的环境与条件

（一）产业结构与职业教育互动的外部环境

1. 宏观环境

政治环境

（1）实施科教兴国战略，确立教育优先发展的战略地位。1995 中共中央、国务院作出《关于加速科学技术进步的决定》，首次提出在全国实施科教兴国的战略。1995 年 5 月 26 日，江泽民在全国科学技术大会上指出："科教兴国，是指全面落实科学技术是第一生产力的思想，坚持教育为本，把科技和教育摆在经济社会发展的重要位置，增强国家的科技实力及向现实生产力转化的能力，提高全民族的科技文化素质，把经济建设转到依靠科技进步和提高劳动者素质的轨道上来，加速实现国家繁荣强盛。"1996 年，第八届全国人民代表大会第四次会议正式提出了国民经济和社会发展

"九五"计划和 2010 年远景目标，"科教兴国"成为我们的基本国策。

（2）大力发展继续教育，构建终身教育体系。江泽民在党的十六大报告中指出："教育是发展科学技术和培养人才的基础，在现代化建设中具有先导性、全局性作用，必须摆在优先发展的战略地位。全面贯彻党的教育方针，坚持教育创新，深化教育改革，全面推进素质教育，造就数以亿计的高素质劳动者、数以千万计的专门人才和一大批拔尖创新人才。"

（3）加快建设和完善现代职业教育体系。党的十八届三中全会审议通过的《中共中央关于全面深化改革若干重大问题的决定》提出，"加快现代职业教育体系建设，深化产教融合、校企合作，培养高素质劳动者和技能型人才"，为我国职业教育在新时期的发展指明了方向。2014 年，《国务院关于加快发展现代职业教育的决定》中明确了我国现代职业教育体系建设的目标，描绘出体系的框架和建设路径。同年，教育部等 6 部门印发《现代职业教育体系建设规划（2014—2020 年）》，对现代职业教育体系的架构、任务、机制创新、制度保障等做出了具体的制度性安排。这是历史上首次针对职业教育体系建设专门出台的国家文件。

（4）鼓励大企业创办高质量职业教育。2019 年 1 月 24 日，《国务院关于印发国家职业教育改革实施方案的通知》提出：到 2022 年，企业参与职业教育的积极性有较大提升，培育数以万计的产教融合型企业，打造一批优秀职业教育培训评价组织，推动建设 300 个具有辐射引领作用的高水平专业化产教融合实训基地。

经济环境

（1）我国加入 WTO，经济全球化、一体化发展加强，给我国产业的发展带来机遇与挑战。加入 WTO，使我国近一步置身于经济全球化的浪潮之中。经济全球化使我国可以利用大量的国外资金、先进技术和先进的管理经验等，促进我国工业化的进程，有利于我国以资源为基础的劳动密集型产业向知识、技术密集型产业的转化，进而发挥后发优势，实现跨越式发展，加速社会主义现代化建设。同时，经济全球化给我国产业的发展也带来了一系列的挑战。我国工业技术基础相对落后，难以适应新形势下的竞争，加上我国技术创新能力薄弱，管理水平与国外尚存差距，使得我国产业在发展过程中面临巨大的竞争压力。

（2）我国经济快速发展，人们收入增加，对教育的需求增强。改革开放 40 多年来，我国居民的生活水平得到显著提高。国内生产总值从 1978

年的 3645 亿元提升至 2020 年的 100 万亿元，国内生产总值增长了 273.3 倍，为居民收入增长提供了巨大的推动力。1978 年我国城乡居民人均可支配收入分别是 332 元、165 元，城乡居民人均收入比值约为 2.01，也就是说，城镇居民与农村居民人均可支配收入差距一倍多一点。2020 年我国城乡居民人均可支配收入分别 43834 元、17131 元，城乡居民人均收入比值为 2.56。居民收入的增加，以及人们逐渐认识到接受教育尤其是接受高等教育的重要性，导致对接受教育的需求增强。近年来，随着国家鼓励及规范政策的出台，我国职业教育快速发展，学校数量和教职工数量保持稳定的扩张状态。相关数据显示，2019 年我国高等职业院校达到 1423 所，比 2018 年增加 5 所（见图 3-3）。

职业教育学校数量（所）

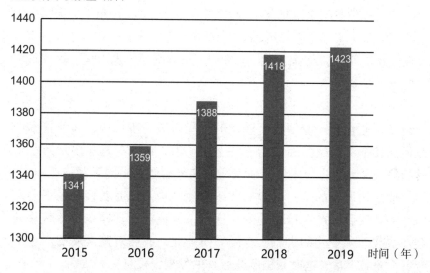

图 3-3　2015—2019 年我国职业教育学校数量增长图

无论是基础设施、师资力量还是在校生人数，我国职业教育都取得了不错的成绩，而且随着国家在教育事业发展过程中对于高职教育的重视程度的不断提升，职业教育专业种类的创新给职业教育行业提供了扩张的发展契机。相关数据显示，2018 年我国职业教育行业市场规模达到 313.2 亿元，同比增长 8.45%，2020 年接近 400 亿元。在校生规模屡创新高，2019 年我国职业教育在校生人数达到 1280 万人。在之前的国家教育事业"十三五"规划中明确提出，加快发展现代职业教育，着力提升职业教育人才培养质量等内容。因此，未来随着国内智能制造以及相关行业规模的持续扩张，应用型技术人才需求将会一直保持增长态势，这在一定程度上扩大了我国高职教育的市场空间。

社会环境

（1）社会上重视普通教育、轻视职业教育的观念仍然存在。在相当长的历史时期内，我国实施的都是应试教育，素质教育尚处于普及阶段，这导致了重视文凭而轻视能力的思想，很多学生及家长认为，只有考上重点大学，前途才是光明的。面临高考的失利，很多学生宁愿再考一年也不愿意就读职业院校。这种观念的存在对职业教育的健康发展是很不利的。

（2）我国的就业形势不容乐观，教育质量存在一定问题。自我国高等教育扩招以来，大学毕业生人数大幅增长，给我国的就业带来了很大的压力，大学毕业生"毕业即失业"的现象越来越普遍。就业形势紧张，原因是多方面的，但教育质量问题也是其中因素之一。一方面，近几年扩招幅度大，教育资源投入跟不上学生数量的增加，影响了教育质量；另一方面，很多职业院校在人才培养方面对学生实际操作能力培养不足，也影响了教育质量。

2.行业环境

（1）世界产业结构正处于大调整期。世界产业结构调整的总的趋势是：高新技术产业化和产业结构高度化的步伐将进一步加快，高新技术产业特别是信息技术产业成为经济增长的主要动力；传统制造业出现向东半球转移的趋势，部分先进技术以及研发中心转向东盟、中国等制造业加工基地。世界产业结构调整的这一趋势对我国产业结构及职业教育的发展会产生很大的影响。就我国产业结构的变化而言，制造业出现向东半球转移的趋势将会加快我国工业化的进程。伴随着工业化，我国对高素质的产业工人将会有更大的需求量，这对我国职业教育的发展无疑是一大机遇。

（2）有大量可供借鉴的职业教育发展模式。在国外尤其是很多发达国家，其职业教育的发展已取得丰富的经验，形成了各具特色的职业教育发展模式，值得我们借鉴与吸收，如德国的双元制办学模式、美国的多元制办学模式、日本的互补型办学模式等。

（3）国家出台的法律法规为职业教育的发展及其与产业界的合作奠定了基础。我国于1996年9月1日起施行的《中华人民共和国职业教育法》第三条指出："职业教育是国家教育事业的重要组成部分，是促进经济、社会发展和劳动就业的重要途径。"第二十一条和第二十三条分别指出："国家鼓励事业组织、社会团体、其他社会组织及公民个人按照国家有关规定举办职业学校、职业培训机构。""职业学校、职业培训机构实施职业教育应当实行产教结合，为本地区经济建设服务，与企业密切联系，培养实用人才和熟练劳动者。"职业教育法的实施为职业教育的健康发展提供了法律上的保证。2002年《国务院关于大力推进职业教育改革与发展的决定》对职业教育的发展方向和发展目标进行了明确。2005年《国务院关于大力发展职业教育的决定》强调，把发展职业教育作为经济社会发展的重要基础和教育工作的战略重点。这些法律法规的出台为职业教育的良好发展奠定了基础。政府部门在促进产学合作的政策，及制度建设上力度需加大，鼓励产业界积极主动地参与到职业教育的办学与教学中去，发挥联系产学研结构的桥梁作用，政府部门的服务功能还需加强。对于参与产学合作的企业，政府部门给予哪些优惠政策，还需进一步明确。

（二）产业结构与职业教育互动的内部条件

1. 内部优势分析

（1）产业结构与职业教育结构逐步趋于协调。2020年全年国内生产总值首次突破百万亿大关，达到1015986亿元，按可比价格计算，比2019年增长了29471亿元，同比增长2.3%。其中，第一产业增加值占国内生产总值比重为7.7%；第二产业增加值占国内生产总值比重为37.8%；第三产业增加值占比最多，为54.5%。从发展情况来看，第一产业所占GDP比重逐年减小，第二、第三产业成为推动经济增长的主要力量。与之相适应，我国职业教育近年来也取得了很大的发展，针对第二、第三产业尤其是第三产业的专业设置有较大幅度的增加，基本适应了产业结构调整对人才需求的变化。

（2）产业的发展增加了对生产型、技术应用型人才的需求量。随着我国各产业的发展尤其是第二产业的发展，对生产型、技术应用型人才的需求量增大。而对生产型、技术应用型人才的培养，主要是由职业教育来承担的。"十一五"期间，我国转变经济增长方式，把节约资源作为基本国策，切实走新型工业化道路，这进一步加强了对高技能应用型人才的需求，促进了职业教育的发展。

（3）产学研结合有成功的典范。教育部在永州、武汉和无锡连续三次召开全国职业教育产学研经验交流会，明确了职业教育要"以服务为宗旨，以就业为导向，走产学研结合的发展道路"。会议的召开有效促进了我国高职教育产学研合作的开展，许多职业学院具有成功的产学研实践模式，如杭州职业技术学院的校企共同体模式实践、武汉职业技术学院的"订单式"

人才培养模式的实践、宁波职业技术学院的"学工交替"人才培养模式的实践等，为广大职业院校进行产学研结合树立了榜样。

2.内部劣势分析

（1）产业素质低，创新能力不足，给职业教育人才培养提出了挑战。改革开放以来，我国经济持续快速增长，各行各业均取得了长足进步。但我国经济的增长仍以资源的大量消耗为代价，科技含量低，产业整体素质不高。这说明我国产业的整体创新能力不足。

国家发改委指出，我国产业结构将立足结构优化，提升产业发展水平，改变高消耗、高污染的局面，从以工业经济为主转向以服务经济为主。为提高产业结构水平，国家应加大对企业自主创新的支持，逐步建立以企业为主导，市场为导向，产学研相结合的自主创新体系，促进来料加工向研发与自主创新发展，发展高技术和新型技术产业。要实现这一目标，就需要职业教育把培养学生的实际工作能力和创新能力作为重点来抓，这对我国目前职业教育的人才培养体系是一个挑战。

（2）职业院校定位不明确，与市场需求的衔接不够紧密。职业教育的定位是对职业教育存在的目的或理由这一重大问题的描述，它对职业教育的办学功能、发展方向及发展目标均有重大的影响。

在我国，很多职业院校对自身的办学目的不明确，或者对其发展方向没有进行准确的定位，导致很多职业院校仍采用普通教育的培养方式，没有突出其职业教育的特点，结果毕业生没能学到实用的技能。这不仅影响了毕业生的就业问题，对学校及整个职业教育都会产生不良的影响。

（3）产业界参与职业教育的积极性不高。我国产学研合作虽然也取得了一定的成绩，但这还是局部的、个别的现象。就整体而言，产业界参与职业教育的积极性不高，阻碍了产学研合作的顺利开展。

产业界之所以积极性不高，一方面是因为我国目前仅处于工业化的初级阶段，与发达国家相比，经济发展度还存在很大的差距，面对来自国内及国际上企业竞争的压力，多数企业经营困难重重，使得企业不愿投入资源与学校进行合作；另一方面是因为近几年我国普通高校与职业院校的扩招显示出劳动力明显供过于求的现象，毕业生就业压力增大，这也使得企业在劳动力供求市场上处于主动地位。这样，企业认为与职业学校进行合作没有必要，从而不愿意主动参与到产学研合作中来。

（4）职业教育专业设置与产业发展欠协调。近几年，我国职业教育面临良好的发展机遇：我国步入工业化阶段，社会上需要大量的技能型人才。而职业教育正是培养这类人才的主基地，因此，国家对职业教育的发展持鼓励与支持的态度，对职业院校在专业设置上给予很大的自主设置权。为求发展，职业院校在专业设置上不顾自身资源状况，存在盲目追求热门专业的现象，导致毕业生就业的结构性矛盾突出，而且缺乏应有的工作技能。

二、产业结构与职业教育互动的战略选择与战略目标

（一）产业结构与职业教育互动战略选择

根据对产业结构与职业教育互动的外部环境与内部条件的分析，我们利用SWOT战略矩阵来推导实现产业结构与职业教育互动的具体战略（见表3-1）。

表3-1 我国产业结构与职业教育互动的具体战略

我国产业结构与职业教育互动的 SWOT 分析			
优势——S	劣势——W	机遇——O	威胁——T
1. 产业结构与职业教育结构逐步趋于协调 2. 产业的发展对生产型、技术应用型人才的需求量增大 3. 职业教育发展快，招生规模扩大，为产业发展培养了大量技术人才 4. 产学研结合有成功的典范	1. 产业素质低，创新能力不足，给职业教育人才培养提出了挑战 2. 职业院校定位不明确，与市场需求的衔接不够紧密 3. 师资不强，很难为产业发展培养合格人才 4. 产业界参与职业教育的积极性不高 5. 职业教育专业设置与产业发展欠协调	1. 科教兴国战略，确立教育优先发展的战略地位 2. 党的十六大、全国职业教育工作会议均强调要加强职业教育和培训 3. 中共中央关于制定"十一五"规划的建议，把调整优化产业结构作为规划的重点之一 4. 我国加入 WTO，经济全球化、一体化发展加强，给我国产业的发展带来机遇 5. 世界产业结构正处于调整期 6. 信息技术日新月异，信息更易达成共享 7. 我国居民收入增加，对教育的需求增强 8. 有大量可供借鉴的职业教育发展模式与理念 9. 国家出台相关的法律法规为职业教育的发展及其与产业界的合作奠定了基础 10. 我国将建设创新型国家	1. 社会上重视普通教育、轻视职业教育的观念仍然存在 2. 我国的就业形势不容乐观，教育质量存在一定的问题 3. 世界经济一体化发展，我国产业面临更为激烈的外部竞争 4. 我国缺乏科学的人才需求预测，难以指导职业院校的专业设置 5. 政府部门促进产学研合作的力度需加大

我国产业结构与职业教育 SWOT 战略组合			
SO 战略	WO 战略	ST 战略	WT 战略
1. 提升职业教育的服务功能，使之与产业发展互动，为产业发展培养应用型人才（S1、S2、S3、S4、O1、O2、O6、O7、O8、O9、O10） 2. 产业界要积极参与职业教育，形成产业与职业教育双赢的局面（S1、S2、S4、O3、O4、O5、O6、O9、O10）	1. 职业院校要定位明确，注重学生能力的培养（W1、W2、W3、W5、O1、O2、O7、O8、O9、O10） 2. 政府部门要采取措施鼓励产业界参与职业教育（W1、W4、W5、O1、O2、O9、O10）	1. 采取多元化办学模式，提升职业教育质量（S2、S3、S4、T1、T2、T4） 2. 重视人才需求预测，为社会培养合适的人才（S2、S3、T1、T5）	整合职业教育资源，由数量增长转变为质量提升（W1、W3、T1、T2）

（二）产业结构与职业教育互动战略目标

实施产业结构与职业教育互动的战略，目的是要达成以下战略目标。

产业结构与职业教育互动要实现"产业结构不断优化、职业教育高度发达、产学研结合顺畅、科教经互动良好"的总体战略目标。

随着经济及职业教育的不断发展以及互动战略的逐步实施，我国的产业结构将不断优化升级，产业总量不断增加，三大产业 GDP 比重将由"二、三、一"的结构形态逐步转变为"三、二、一"的结构形态，各产业的内部结构渐趋完善，产业的科技含量提高。

构建具备与产业结构相适应的职业教育层次结构体系，保证职业教育的人才培养模式、专业设置与产业发展对人才的需求相一致。全面开展产学研合作，完善合作的体制与机制的建设，使我国的科技、教育与经济发展实现良性互动。

三、实施产业结构与职业教育互动战略的行为分析

（一）职业院校的行为分析

1. 解决职业教育的定位问题

职业教育定位的重要性体现在教育发展方向的把握、职业教育教学改革以及为地方经济建设服务。

（1）职业教育的准确定位有利于把握职业教育的发展方向。当前我国

的职业教育（主要是高职高专）在办学上存在定位不准、发展方向不明确的问题。我国目前的职业教育通常是大专层次，但许多职业学院由于定位不明确，办了大专之后就想升本科。这种办学层次升上去也可以，但仍然应该走职业技术教育这条路。但事实是，升上去以后大多数院校就放弃了办职校，而是想转为理论型的院校。试想，如果全国的职业院校都要办成理论型、多科型、综合型、研究型的院校，对中国高等教育的发展何益？对促进中国经济增长何益？

目前美国的科学技术比我国发达，但是美国高等教育的分布，按 2000 年卡耐基基金会 ❶ 的划分，分成六种类型四个等级，第一个等级是培养博士生的研究型大学，所占的比例仅为 6.6%；一般大学与学院（第二、第三等级）比例为 29.4%；第二个等级是培养副学士的社区学院，这几年发展很快，占了 43.8%。经济高度发达的美国，其研究型大学也只是占很小的比重，何况中国更加需要大量相当于美国的社区学院、多科性技术学院或者短期性大学。所以我国的职业教育在发展方向上，应定位于职业教育而不是转型到普通高等教育。

（2）职业教育的准确定位有利于职业教育教学改革。职业教育的教育模式所确立的目标是培养生产、建设、服务、管理第一线需要的职业型、技能型人才。对这些人才的培养，重点在应用性知识和具体的技能，使他们能够在第一线具有实际操作能力。但是，我国很多职业教育在培养人才的方式上仍然按照本科压缩型来培养，对具体的应用性知识及实际技能培养不足，使得这些学生在理论知识上不及本科院校的学生，在技能应用上，独立工作能力又不足，这直接导致了用人单位对职业教育在培养学生动手能力方面的怀疑，从而加重了职业学院毕业生的就业压力。

只有对职业教育进行准确定位，以理论够用为前提，注重应用能力的培养，才能使职业教育办出有别于本科教学的特色。为了实现职业教育的目的，对职业教育的教学进行改革是十分必要的，改革的方向将更加偏向于提高学生的实际动手操作能力。

（3）职业教育的准确定位有利于为地方经济建设服务。职业教育在人才培养方面要立足于本地的经济情况和产业发展情况，为地区产业发展输送合格的技术应用型人才。在我国，目前基本上实现了每一个县市都拥

---

❶ 赵丹龄：《美国卡内基基金会及其大学分类法》，《中国高等教育》，1999 年第 18 期，第 31 ～ 32 页。

有一所职业学校，这些职业学校为促进我国各地区经济的发展做出了巨大贡献。

各地职业教育如何才能办出特色呢？由于各地经济发展情况存在差异，各地区在主导产业的选择上也必然不同，职业教育只有与本地区的优势产业、主导产业的特点相结合，才能在育人模式、专业选择上办出特色。

职业教育定位的内涵主要体现在职业教育的目标、功能及层次三个方面。

（1）职业教育的目标定位要具有适应性。我国加入WTO后，产业结构技术升级加快，科技成果转化周期缩短，职业岗位（群）的技术含量大大提高，技术创新成为跨越式发展的核心目标，技术人才成为企业竞争制胜的关键要素。在这一背景下，职业教育的目标定位，必须突破校本位封闭单一的办学模式，积极寻求与行业、企业的紧密对接，采用产学研相结合的育人模式，以校企结合、定向培养企业急需人才为结合点，既有针对性地培养企业需要的技术型人才，也为企业提供各类在职培训及人力资源和素质保障，并合作进行新技术、新产品的研发和推广，充分发挥校企各自的优势，实现校企资源共享和双赢的目标。

（2）职业教育的功能定位要具有互补性。职业教育与普通教育相比，与经济具有更为直接的亲和力，这就决定了职业教育在为社会输送各层次技术型人才的同时，还必须承载技术开发、技术转化、技术服务等社会功能，尤其是职业教育在技术开发、转化等方面更应发挥更大的作用，因此，职业教育要以教育、科研、生产、服务等完整的功能体系和有效机制，置身于经济建设的主战场，介入经济发展的循环圈，拓展自我发展空间，增强办学竞争实力。

职业院校应根据自身特点与优势，面向区域经济和社会发展，开展全方位、深层次的产学研合作，尤其是贴近企业技术改造、农业产业化的实际需要，发挥应用研究与技术开发功能，提供形式多样的应用研究和技术服务，增强对区域经济增长的辐射力和贡献率，同时为自身资源扩展、基地建设、人才就业和可持续发展赢得生机与活力。因此，职业院校对于区域经济发展的相关程度越高，所赢得的支持、回报也将越高，两者具有较强的功能互补性。

（3）职业教育的层次定位要具有延伸性。随着社会经济的发展，新兴产业不断涌现，高新技术对传统产业的渗透和改造力度加强，这些都会提高劳动的复杂程度，对劳动力的素质提出了更高的要求。为了与社会经济的发展变化相适应，职业教育在人才培养的层次定位上要具有延伸性，要能够向更高层次职业型人才培养伸展。

综合以上的分析，职业教育的定位应是：立足本地、产学结合、突出实用、办出特色，如杭州职业技术学院就提出了"立足钱塘，服务杭州"的办学定位。

立足本地，就是指职业教育的办学要以促进本地区的经济发展为指导思想，在人才培养类型、专业设置及培养层次上要与本区域的产业尤其是主导产业的发展相适应，为促进产业发展培养技术应用型、职业型人才。

产学结合就是指职业教育在育人模式上要与当地的行业、企业合作，使得学校资源与行业、企业资源互为补充，为人才培养创造良好的学习氛围，这也保证了职业学校为行业、企业的发展提供合格的人力资源。

突出实用就是指职业教育在人才培养上要偏重技术应用，使学生毕业后就具有直接上岗、胜任工作的能力，这与研究型人才培养不同，前者偏向于实际应用，而后者则偏向于理论研究。

办出特色就是指职业教育要结合地方经济特色，在办学形式上不拘一格。由于各地区优势资源不同，目前各地区在经济发展上为避免重复建设，都在全力挖掘本地的优势资源，发展特色经济。以此为背景，职业教育在办学上要与当地的特色经济相结合，针对不同的产业特点采用不同的办学形式，促进地区经济的发展。

2. 解决外部合作机制的建设问题

职业教育要走产学研合作之路，就必须积极主动地与外界进行合作交流。尤其是在我国，由于行业、企业参与产学研合作的积极性不高，给产学研合作的顺利开展带了一定的障碍，正因如此，职业院校为求发展，需建立外部合作机制，促进与产业界的合作。

（1）加强对产业发展动态的研究。职业院校要为地区的产业发展提供技术应用型人才，就要针对地区的产业现状及产业发展趋势设置相应的专业及课程。尤其是产业的发展动态问题，由于职业院校对人才培养存在一定的滞后性，仅从现在的产业情况来设定专业就会产生专业与未来产业对人才需求不匹配的问题，就如同许多院校争办热门专业一样，可能现在还是很热门的专业，等到学生毕业时情况已经发生了很大的变化。

因此，职业院校应对地区的产业发展趋势进行预测，找出影响地区产业发生变化的各因素，如周边地区产业的发展对本区域产业会产生什么影响，国家出台的新政策对区域产业发展产生的影响等。然后根据预测的结果及职业院校自身的办学条件、资源优势等来对职业院校的专业结构进行调整。

（2）建立与产业界联系的桥梁。关注产业界，了解区域产业的发展态势，并且设置与产业发展相匹配的专业，这样职业院校就具备了与行业、企业进行合作的基础，即双方可以从合作中得到人才供求、信息共享等"双赢"的局面。但仅具备这种潜在的基础是不够的，要将这种合作的基础转化为现实，职业院校需要采取走出去的战略，主动建立与产业界进行沟通的互动平台。例如，杭州职业技术学院主动对接区域产业的主流企业，先后成立了友嘉智能制造学院、达利女装学院、安恒信息学院、特种设备学院、彩虹鱼康复护理学院等多个产业学院。职业院校需要成立产学合作处，专门负责与行业、企业进行沟通合作，这个部门的组成人员具有很大的弹性，除主要负责组织管理工作的人员比较固定外，其余成员可由各专业教职人员、管理人员组成，这样可以发挥全校教职员工对外关系网络的作用，促成学校与产业界的合作。

（3）加强院校合作，提升服务功能。职业院校除了积极寻求与产业界合作外，还应加强与兄弟院校之间的合作往来，这样可以实现资源整合、优势互补，提升职业院校的整体服务功能。

由于单个职业院校自身资源有限，且各自在办学模式、专业侧重上也存在差异，其社会服务功能存在局限性。为了突破这种局限，职业院校之间通过加强合作，发挥各自的优势，联合起来可以更好、更全面地为产业界服务。因此，通过加强院校合作，可以发挥整合优势，提升职业院校的服务功能。

3. 解决职业院校自身的问题

（1）强化"双师型"师资队伍建设。教育业比较发达的国家都非常重视师资队伍的建设。德国对从事职业教育的教师不仅有一套完整的培养培训体系，而且采取了严格的国家考试制度。德国联邦劳动和社会秩序部根据职业教育法的规定，制定了《实训师资资格条件》，对实训师资的要求做了明确而详细的规定。德国的大学毕业生要成为职业教育教师，要有5年或5年以上的工作经验，经过两年半的教师培训后，参加国家考试取得职业教育教师资格后才能从业。同时，德国各联邦州的法律规定，职业教育师资需要不断进修，每年每位教师有5个工作日可脱产带薪参加继续教育。在澳大利亚，职业教育教师上岗前必须参加为期1年的新教师上岗培训，培训结束时接受教育部门和学校的评估考核，不合格者不能颁发教师资格证书。澳大利亚职业教育专业教师必须具有3～5年从事本行业工作的实践经验。在美国，社区学院的师资除了必须具备州政府颁发的有关教师证书外，还特别强调具有相应的实践经验。美国社区学院兼职教师由社区内的企业家、某一领域的专家以及生产一线的工程技术人员、管理人员等组成，其数量超过了专职教师。

（2）专业结构的调整变化。专业是职业教育与社会经济的接口，是保证人才培养"适销对路"的重要环节。专业结构必须与产业结构相适应，并随着产业结构的变化而变化。专业设置应该符合本地经济发展的实际需要，推动本地经济的发展。职业院校要以发展的、动态的观点来分析本地产业结构发展变化的趋势，关注市场经济的竞争和科学技术的发展等因素，对产业结构变化所带来的影响，根据产业结构的变化要求设置专业。

因此，职业院校的专业应围绕本地产业、企业发展的需要来设置和调整，面向市场，从产业、企业的现状和发展需求出发，充分体现地区产业、企业的特点，在培养人才规格、内涵功能上反映和满足社会需求，使专业设置趋向合理，以满足产业结构调整的要求。

（3）课程开发改革和教学手段改革。职业教育与普通教育相比，更加注重对学生实际动手能力的培养，但在我国，很多职业院校在培养方式上仍然按照"压缩型"本科的培养方式，学科本位的思想在课程中的表现仍根深蒂固，而能力本位的课程模式基本上还停留在概念层面，主要表现为教育领导部门、办学机构的各类文件中仍大量使用诸如"基础课、专业基础课"等学科本位课程中经常使用，而能力本位课程中不存在的概念；在专业培养计划中仍沿用学科本位的课程体系和课程形式；在直接面对学生的科目课程中，从教学内容到方法手段几乎没有向能力本位转换。

因此，职业院校要对职业教育的课程体系进行改革，突出能力本位的思想。在课程开发上，职业院校要满足职业岗位对人才培养的要求，最有效、最基本的途径就是校企合作共同开发。从目前的情况来看，我国高职课程的开发，虽有企业人员的参与，但大多还是以学校为主的，造成课程与工作的客观联系被割裂开来，教学内容跟不上行业、企业现行的主流技术。

课程开发的变化也要求教学方法和教学手段进行相应的变化，才能保证教学质量。在教学方法方面，职业院校要吸取众多教学方法的优点，以最优化的组合来实现教学过程的最佳效果。比如，一些学校通过采用大量的类似课程设计、大型作业及有关课程知识应用的实例讲解，或由学生自己提出在实践中遇到的各种问题供大家思考、讨论与交流等，收到了较好的效果。在教学手段上，职业院校应尽可能采用现代教学技术和手段，强调电子设备和技术的应用。同时职业院校还应要求教师备课时采用"电子化"方式，这既便于充实和修改教学内容，又可以大量节省课堂板书时间，将时间用于讲透教学内容及教学目标的实现。

（二）企业的行为分析

作为产业的组成单元，企业在推动产业结构与职业教育互动方面同职业院校一样，具有重要的地位，企业同职业院校一起成为推动产业结构与职业教育互动的两个主体。但在我国，以下几方面原因致使企业参与同职业院校合作的积极性不高，企业在推动产业结构与职业教育互动方面没有发挥出应有的主体作用，主要原因有：①我国劳动力众多，就业压力大，在劳动力市场上，企业处于优势地位，大多数企业不会为招不到员工担忧；②社会上重视文凭的观念仍普遍存在，这对职业院校办学及毕业生就业产生不良影响；③企业抱怨职业院校毕业生工作能力不强等。

基于此种情况，除了政府部门的积极引导和职业院校的主动参与外，企业也应转变观念，在宽领域、多层次上与职业院校进行合作交流，以实现"共赢"，促进产业结构与职业教育相互促进、共同发展。

1.转变观念，参与同职业院校的合作

国外企业参与职业教育的情况，不同国家之间存在很大的差异。但却呈现出一定的特点，通常以制造业为主的国家，企业参与职业教育（或培训）的程度较高，而以第三产业或高新技术产业为主的国家，其职业流动性较大，企业参与职业教育（或培训）的程度不太高。比如，德国的产业结构以中、高端制造业为主，行业、企业对职业教育高度参与，为"双元制"的成功实施提供了坚实的基础，其培养的"专深型"人才与中高端制造业也是相适应的；在日本，虽然学校职业教育不发达，但企业自己对员工进行职业培训非常发达，这与日本的企业文化及企业结构也有一定的关系。在第三产业及高新技术产业高度发达的美国，其职业流动性较大，雇主参与职业教育的程度一直很低，职业学院培养的人才属"宽专多能型"。

在我国的产业结构方面，尽管我国的服务业和高新技术产业有了很大发展，但在较长的一段时间内，制造业特别是中、低端的制造业将仍然占据主体地位。尤其是进入 21 世纪，要把我国打造成"世界制造业中心"，职业教育必须有所突破。目前，我国职业教育所培养的人才基本属于普通型，技能专深程度不够，与工作的关系不够密切。职业教育的这些特点与我国当前的社会特征不适应。因此，改变我国职业教育现状，行业、企业的参与非常重要。

我国的行业、企业应转变观念，认识到他们是职业教育的主要服务对象和直接受益者，积极参与到与职业院校的合作中来。比如，杭州西奥电梯有限公司、奥的斯机电有限公司，两个公司主动对接杭州职业技术学院特种设备学院电梯工程技术专业，积极参与人才培养、实习实训，把优秀的大二学生招至公司麾下；杭州安恒信息有限公司在大二时就把安全信息专业的学生纳入公司实习生行列，并发放津贴；等等。

2. 具体层面的合作措施

行业、企业与职业院校进行合作，其内容是多方面的，合作的程度也可以分为不同层次。

就内容来说，行业、企业参与合作主要应做好三个方面的事情：一是学生培养计划的制订，即按照专业所对应的职业岗位（群）或技术领域任务的需要确定学生的知识、能力、素质结构；二是为职业院校提供教学资源；三是直接参与职业院校人才的培养。

参与学生培养计划的制订是产学合作教育十分重要的环节。其方式可以通过组建专业指导委员会，对培养目标、教学计划等进行论证，也可专门组织有代表性的学校专家、企业技术骨干和行业专家组成的委员会，进行该专业的课程开发，确定能力标准，制定课程开发表，学校的专业组根据开发表确定的知识、能力、素质结构制订培养计划，再组织行业、企业的专家论证会讨论通过。企业的参与还应体现在职业教育的教材建设上。在教学内容上，企业参与教材建设要反映实际工作中的新技术、新规范，以保持教材的先进性。在编写教材时，职业院校要吸收行业、企业的专业技术人员参加，或者请他们审阅教材，使教学的内容更符合实际的需要，特别是活页教材、工作手册式教材的开发，要把企业新技术、新工艺、新设备融入教材。

产业的有形资产和人才资源，是职业教育十分宝贵的可利用的社会资源。职业院校培养技术应用型人才不能没有实习、实训场所。通过产学合作，企业为学生提供实习、实训条件，安排学生的生产劳动，解决学校实践教学中的困难。职业院校"双师型"师资是办出职业教育特色的又一重要条件。企业的专业人员可以作为实习指导教师或承担一定的教学任务。

直接参与职业院校的人才培养，尤其在培养学生的职业素质中，企业更有其得天独厚的优势。在学生参加生产劳动或实习、实训期间，企业利用自身的环境和企业的文化对学生进行思想观念和职业道德的教育，让学生了解社会、熟悉社会，教他们怎样做好工作，怎样从一个自然人成长为一个社会人。职业院校还可以将企业的老总或专家请来给学生做专题报告，讲如何成才，如何创业，如何成为企业和社会所欢迎的人，从而培养他们具有良好的职业意识、职业道德，实现与企业需要的"零距离"。

从层次上说，合作可以分为浅层、中层和深层次的合作。

浅层次的合作主要是企业只为教学提供一定的设备和场地，为学生提供的毕业实习也只是参观性的，停留在形式上。企业不参与学校专业设置、课程体系设计等，也不参与教学质量评估。

中层次的合作是企业参与到学校新专业的开发和旧专业改造中，开始关注学校培养人才的规格要求，企业通过专业建设指导委员会初步参与到学校的课程体系设计中，企业不仅提供一定场地、设备，且派技术专家到现场指导或到学校授课，企业提供给学生岗前综合训练的机会，企业开始参与到学校的质量评估中。

而深层次的合作则是企业积极地参与到学校专业建设中，把其看作自己工作的一部分，企业认识到学校培养的人才质量对自身生存与发展的重要性。例如，友嘉实业集团在杭州的 12 家企业，每年都派技术骨干与学校专业组共同制订与修订人才培养方案；企业多名技术骨干与学校共同进行课程开发，突出课程体系的灵活性、职业功能性，校企共同建立起了以职业能力培养为导向的课程体系；校企双方在"以他赢为虑"的原则下，共同进行教学基本建设和教学方法、手段改革，构建起以职业能力培养为主线的教学方法体系；校企共同努力做好专业实习与毕业生顶岗实习工作，学生的毕业实习成果在一定程度上能为企业所用，特别是优秀学生的技术改造案例入选企业年度质量提升案例；企业参与学校的质量评估，建立起了内外结合的教学质量评估体系。

（三）政府的行为分析

在产业结构与职业教育形成互动的过程中，政府具有关键的作用。一方面政府部门在行使其行政职能时，站在战略的高度，从整体上把握产业结构与职业教育的关系，为两者互动的形成创造一个良好的外部环境，如法律环境、政策环境等；另一方面政府部门可作为产业界与职业教育界的联系者，发挥中介职能。具体而言，在促进产业结构与职业教育互动过程中，政府可采取以下一些措施来发挥其功能。

1. 创建良好的法律环境

美国在 20 世纪七八十年代就相继制定了一系列与产学研合作有关的法案，如《国家科技政策、组织和优化法》《斯蒂文斯—韦德勒技术创新法案》《贝赫—多尔法案》《经济复苏法》等，为产学研合作提供了有效的法律保障。英国、德国、日本同样也制定了多种法律，以保障产学研合作的顺利进行。

我国已有的关于产学研方面的法律法规，如《中华人民共和国高等教育法》《中共中央关于教育体制改革的决定》《面向 21 世纪教育振兴行动计划》等，其内容仅涉及产学研之间的联合、合作、优势互补，而没有对产学研合作的具体层面做出规定。因此，政府要逐步出台一系列有关人才管理、仪器设备共享、合作成果的知识产权保护、权益的分享与责任的承担、经济纠纷等方面的法律法规，健全产学研合作的管理体制和运行机制的法律法规。另外，为了促使企业参与到产学研活动中，政府可在企业法里规定，对一些生产条件先进的企业增加为教育服务的责任和义务等内容。

2. 营造良好的政策环境

为了促进产学研结合的健康发展，政府要制定一系列优惠政策，以形成有利于产学研结合的政策环境。

（1）制定优惠的税收政策，促进产学研合作。对于参与产学研合作的企业，政府部门可根据其接受学生的数量和消耗企业材料的费用等情况，考查企业与职业院校产学研合作的程度，按程度的不同给予企业不等的减免税优惠等，以吸引企业积极参与职业教育的教学活动。

（2）设立专项基金支持产学研合作。专项基金是支持产学研合作的重要手段之一。其主要方式有：①项目基金，重点重投，即根据国家经济发展计划的重点和高新技术领域的重点，确定相应的研究与开发项目，并纳入国家预算，重点资助，如美、英等国在创办工程研究中心时就采用这种做法；②匹配基金，抛砖引玉，即政府与企业以一比一或一定比例，共同资助产学研合作项目；③种子基金，孵化技术，即政府认准某项研究成果具有较大的潜在市场价值，便提供一定的创办性资金，帮助企业进行技术开发和推向市场。各国建立企业孵化器就是为了使高新技术及产品脱颖而出，达到孵化的目的。

我国可以借鉴发达国家的一些做法，如各地区可以根据本地经济发展计划的重点，确定相应的科研项目，通过政府的项目基金支持，促进产学研合作。对于一些市场前景好的项目，政府部门可做一部分的前期投资，使项目能够开展，然后引导企业资金的参与等，促进地区产学研合作的发展。

3. 发挥其联系产业界与职业院校的桥梁作用

要使产业结构与职业教育实现良性互动，政府部门处于主导地位，不仅要为产业界与职业院校之间的合作创造良好的外部环境，同时要加强产业主管部门与教育主管部门之间的沟通，发挥桥梁作用，以促进产业界与职业院校之间的跨界合作。

第四章　职业教育服务区域经济发展的评价指标体系

第一节　职业教育服务区域经济发展的评价指标体系构建

一、评价指标体系的采用

要对职业教育与区域经济发展的协调性做出评价，首先要解决的是指标和指标体系的问题。评价指标体系的构建是认识和反映职业教育与区域经济发展过程、描述发展状态、揭示发展运行规律和特点的基本手段。构建职业教育与区域经济发展协调水平评价指标体系，主要是通过选择反映职业教育与区域经济发展状况的量化信息，采用相应的统计和评价方法来对其发展的状态、过程、规律进行描述和分析。

（一）评价指标体系的概念

评价指标体系是对问题进行评价和预测的基础，它能够按照抽象的研究对象原本的属性、特征，将它们转变为具体、可操作的结构体系，并对结构体系中的所有组成元素（指标）根据实际情况赋予一定的权重。评价指标体系的建立工作不仅包括收集构成指标体系的各种指标，还应该明确各指标之间的相互关系，即指标结构。也就是说，一个完整的评价指标体系既能体现单独指标的特点，又能反映指标之间的相互关系和结构这两大方面的内容。

（二）评价指标体系的作用

评价指标体系的构建对职业教育与区域经济是否协调发展的评价起着关键的作用。要对职业教育和区域经济发展的协调性做出评价，首先要解决的就是指标和指标体系的问题，其作用大致包括以下几个方面：

1. 描述作用

职业教育与区域经济评价指标体系既能够较具体、深刻、客观地反映影响职业教育与区域经济发展水平的各因素的发展状况及相互关联关系，又能从整体上描述职业教育与区域经济的发展状况。

2. 解释作用

职业教育与区域经济评价指标体系不仅能测量出两者协调的程度，而且能应用结构化的指标来解释产生协调与不协调关系的原因，使研究者对症下药，针对具体问题找到解决问题的有效对策。

3. 评价预测作用

职业教育和区域经济的评价指标体系一方面可以反映两者在发展过程中是否协调；另一方面可以利用历史、现状指标在近一阶段内动态变化的特点来预见未来职业教育、区域经济各自的发展趋势和协调趋势，从而为制定对策提供依据。

本章节通过建立评价指标体系，对职业教育与区域经济发展从以下三个方面加以分析：①对职业教育与区域经济发展水平进行分析，并找出影响职业教育发展水平和区域经济发展水平的因素❶；②对两个体系之间的整体发展情况进行描述和解释；③根据体系发展的演变情况，对未来促进职业教育与区域经济协调发展提出建议。

（三）评价指标体系的构建方法

基于上述评价指标体系的作用，考虑到职业教育与区域经济的实际发展情况，主要有以下三种指标体系的构建方法：

1. 系统分析法

系统分析法是指基于职业教育和区域经济的特点，为了全方位地考虑问题，要使凡是能够描述职业教育和区域经济发展现状的指标呈现得越多越好，以防遗漏了某些反映职业教育与区域经济发展特点的指标，以达到实现全面性和客观性原则的方法。

2. 频度统计法

频度统计法是指对目前有关职业教育与区域经济协调发展研究的文献所使用的指标的频度进行统计，选择那些使用频率较高的指标方法。

---

❶ 王刚：《高等职业教育与区域经济联动发展评价体系的构建》，《教育观察》（上半月），2016年第5卷第4期，第104～106页。

3.德尔菲法

德尔菲法是专家调查法的一种，采用"背对背"的通信方式征询专家小组成员的意见，经过多轮次反复征询、归纳、修改，最后汇总成专家一致的看法。这种方法具有广泛的代表性，较为可靠。利用这种方法，在初步提出评价指标的基础上，通过征询有关专家的意见，对指标进行调整。

二、职业教育评价指标体系

（一）评价指标体系基本框架

根据上述评价指标体系的构建方法，结合目前有代表性的职业教育发展评价的报告和论文研究情况，并兼顾统计数据的可获取性，本研究选择使用频率较高的指标，来构建职业教育发展的评价指标体系以描述职业教育的发展情况。

职业教育系统的协调发展是一项系统工程，除了系统内部自身结构合理、功能健全以外，还要主动适应和促进经济发展、社会文化发展以及人的全面发展[1]。

因此，在对职业教育系统的协调发展目标进行分解的时候，本研究参照了经济合作与发展组织（OECD）等国际组织以及我国进行教育统计时较常用的统计指标。

OECD的教育发展评价指标体系的CIPP分析模式（背景—投入—过程—产出分析模式）吸收和借鉴了人力资本理论和其他有关教育、经济理论的精髓，已经成为一种国际性的评价教育发展状况的可靠依据。随着职业教育与社会经济的联系越来越紧密，职业教育的三大职能在当今社会也体现得越发明显。

因此，本研究借鉴CIPP分析模式，将职业教育发展水平的评价指标体系分解为三级指标：一级指标1个，即"区域职业教育竞争力"；二级指标4个，包括"体系与规模、布局与结构、水平与质量、机制与环境"；三级指标27个，包括"现代职业教育体系构建完整程度、职业院校总数、职业院校学生总规模、职业院校教师总规模"等（见表4-1）。

---

[1] 赵倩：《青海省高等职业教育与区域经济协调发展研究》，《柴达木开发研究》，2016年第1期，第31～34页。

表4-1　职业教育竞争力评价指标体系

一级指标	二级指标	三级指标
区域职业教育竞争力	体系与规模	1. 现代职业教育体系构建完整程度
		2. 经济总量与职业教育总规模的协调程度
		3. 职业院校总数
		4. 职业院校学生总规模
		5. 职业院校教师总规模
		6. 师生比
		7. 年末校舍面积
		8. 年末固定资产总值
		9. 本年度购置图书数
	布局与结构	10. 职业院校类型与区域经济结构的协调程度
		11. 专业结构与区域产业结构的协调程度
		12. 专利数量
		13. 推动企业技术进步数量
		14. 企业咨询服务成果数量
		15. 传统文化传承和创新能力
	水平与质量	16. 国家级或省级示范校数量
		17. 国家级或省级示范职教集团数量
		18. 国家级或省级实训基地数量
		19. 毕业生就业率
		20. 毕业生就业对口率
		21. 毕业生平均薪酬
		22. 取证率
		23. 企业好评情况

续表

一级指标	二级指标	三级指标
区域职业教育竞争力	机制与环境	24. 现代职业教育制度和法制健全程度
		25. 社会力量参与职业教育的效果
		26. 预算内职业教育事业费支出
		27. 地方生人均预算内事业性教育经费支出

（二）评价指标的来源及解释

1. 体系与规模

我国现阶段职业教育体系建设还不完善，构建体系结构更加完善并且与国际教育体系接轨的现代职业教育体系，需要对体系的完整程度进行重点考核，并作为下一个阶段的重点工作来抓。教育规模是指各级各类教育机构及其所拥有的人、财、物数量的总和。它标志着教育发达的程度，并受到人口数量及其年龄结构、经济发展水平和科学技术发展水平的制约。职业教育学生规模能最直观地表现出一个国家职业教育体系的发展程度，是直接制约职业教育发展水平的一个变量，是职业教育国际竞争力的一个基本要素。基于以上因素，本书选择"现代职业教育体系构建完整程度、经济总量与职业教育总规模的协调程度、职业院校总数、职业院校学生总规模、职业院校教师总规模、师生比、年末校舍面积、年末固定资产总值、本年度购置图书数"9个指标作为分析评价区域职业教育体系与规模的指标，来反映区域现代职业教育体系构建的完整情况和职业教育的总规模情况，这是衡量区域职业教育竞争力强弱非常重要的评价指标。

指标1——现代职业教育体系构建完整程度

该指标指区域内是否已经构建了从中职、专科、本科到专业学位研究生的培养体系。中等职业院校、高等职业院校（包括专科、本科、专业学位研究生）各有一定的规模，比例合理。这个指标采取专家评估的办法获取数值。

指标2——经济总量与职业教育总规模的协调程度

该指标指区域经济发展总量与在校学生总数之间的协调情况，具体计算方法参见第二章第三节区域经济与职业教育规模协调研究的内容。

指标 3——职业院校总数

该指标指区域内中等和高等职业院校的总数量。

指标 4——职业院校学生总规模

该指标指区域内中等和高等职业院校在校生总数量。

指标 5——职业院校教师总规模

该指标指区域内中等和高等职业院校教师总数量。

指标 6——师生比

该指标指职业院校总体教师人数与在校生人数之比，它在一定程度上反映了教师与学生之间的协调程度，也在一定程度上反映了人员规模与办学效率之间的关系。

指标 7——年末校舍面积

该指标指区域内中等和高等职业院校校舍面积总数。

指标 8——年末固定资产总值

该指标指区域内中等和高等职业院校固定资产总值。

指标 9——本年度购置图书数

该指标指区域内中等和高等职业院校本年度的购置图书数量。

2. 布局与结构

布局与结构是指职业教育系统内各要素之间的组合方式和比例关系，它是一个多维度、多层次、多样性的综合结构。本书选择"职业院校类型与区域经济结构的协调程度、专业结构与区域产业结构的协调程度、专利数量、推动企业技术进步数量、企业咨询服务成果数量、传统文化传承和创新能力"6 个指标作为分析评价区域职业教育布局与结构的指标，来反映区域职业教育与经济特色和发展的契合程度，以及它们在区域技术进步和文化传播方面的贡献。

指标 10——职业院校类型与区域经济结构的协调程度

该指标指区域内职业院校办学类型与区域经济产业结构的协调程度。

简单计算办法：第一产业占 GDP 比例与第一产业对应职业院校占职业院校总数比例，第二产业占 GDP 比例与第二产业对应职业院校占职业院校总数比例，第三产业占 GDP 比例与第三产业对应职业院校占职业院校总数比例这三组指标一一进行对比。每组两个数值越接近，表示越协调；数值相差越大，表示协调性越差。

指标 11——专业结构与区域产业结构的协调程度

该指标指区域产业结构和职业教育专业结构之间的协调程度。

简单计算办法：对第一产业占 GDP 比例与第一产业对应专业占专业总数比例，第二产业占 GDP 比例与第二产业对应专业占专业总数比例，第三产业占 GDP 比例与第三产业对应专业占专业总数比例这三组指标一一进行对比。每组两个数值越接近，表示越协调；数值相差越大，表示协调性越差。

指标 12——专利数量

该指标指区域内职业院校申请专利数量。

指标 13——推动企业技术进步数量

该指标指区域内企业应用职业院校技术改进成果而产生的技术市场成交额。

指标 14——企业咨询服务成果数量

该指标指区域内企业应用职业院校咨询服务成果而产生的经济收益。

指标 15——传统文化传承和创新能力

该指标指对传统文化传承和创新所产生的社会经济收益，这个指标可以采取专家评估的办法获取数值。

3. 水平与质量

国家级或省级示范性（骨干）学校、职教集团、实训基地等反映了区域职业教育的品牌建设能力和学校办学方向与地方经济的对接意识。示范职教集团、示范专业的建设充分体现了地方经济特色，培养出高素质技能型人才，能更好地为区域社会经济发展和当地支柱产业建设服务。毕业生就业率、企业好评情况等，直接用市场的话语权来评价职业教育发展水平和质量的高低。因此，本书选择"国家级或省级示范校数量、国家级或省级示范职教集团数量、国家级或省级实训基地数量、毕业生就业率、毕业生就业对口率、毕业生平均薪酬、取证率、企业好评情况"8 个指标作为分析评价区域职业教育水平与质量的指标，来反映区域职业教育的质量。

指标 16——国家级或省级示范校数量

该指标指区域内国家级或省级示范性（骨干）学校数量。

指标 17——国家级或省级示范职教集团数量

该指标指区域内国家级或省级示范职教集团的数量。

指标 18——国家级或省级实训基地数量

该指标指区域内国家级或省级示范实训基地的数量，反映信息化建设能力。

指标 19——毕业生就业率

该指标指学校毕业生参加就业（包括升学）的人数与毕业学生总人数的比例。

指标 20——毕业生就业对口率

该指标指职业院校毕业生就业工作岗位与专业相吻合的比率。

指标 21——毕业生平均薪酬

该指标指职业院校毕业生平均月薪酬水平。

指标 22——取证率

该指标指职业院校取得相应水平的职业技术资格证书的毕业生，占总体毕业生的比例。

指标 23——企业好评情况

该指标指采用抽样调查的方法，请企业负责人对毕业生的工作素养、技能进行打分。

4. 机制与环境

促进区域职业教育发展的政策、机制、体系、氛围等作为外在环境，直接影响职业教育发展的进度和优劣。本研究选择"现代职业教育制度和法制健全程度、社会力量参与职业教育的效果、预算内职业教育事业费支出、地方生人均预算内事业性教育经费支出"4 个指标作为分析评价区域职业教育机制与环境的指标，来反映区域职业教育发展宏观环境的优劣。

指标 24——现代职业教育制度和法制健全程度

该指标可以采用专家评价法对制度和法制建设情况进行国内外对比评价。

指标 25——社会力量参与职业教育的效果

该指标可以对行业、企业参与举办职业技能大赛的数量、社会力量对职业院校的捐款捐资数量、社会宣传职业教育的力度等多个方面进行测评。

指标 26——预算内职业教育事业费支出

该指标指中央、地方各级财政或上级主管部门在财政预算年度内安排，并划拨到学校或单位，列入《政府收支分类支出科目》中的教育经费拨款数。

指标 27——地方生人均预算内事业性教育经费支出

该指标指按照学生人数平均的预算内教育事业费用数。

三、评价指标体系四个维度

构建职业教育服务区域经济发展的评价指标体系，加强对职业教育发展情况的监控，推动职业教育的量化评价，一直是国际上促进职业教育发展的重要措施。目前世界各国都加强了对职业教育的监测，具有代表性的评价指标体系有联合国教科文组织、欧盟以及澳大利亚的职业教育质量评估指标体系。本章节以杭州职业技术学院为例，从职业教育与区域经济的匹配度、服务社会能力、毕业生就业能力、投入与产出效率四个维度出发，分别从每个维度的背景、过程、结果三个方面构建了由 38 个具体指标组成的职业教育服务区域经济发展评价指标体系（见表4-2）。

表4-2　职业教育服务区域经济发展评价指标体系

指标体系	维度	方面	具体指标
职业教育服务区域经济发展评价指标体系	职业教育与区域经济的匹配度	背景	1.企业对继续教育与职业资格培训的需求情况
			2.劳动者自身对提升劳动技能的要求情况
			3.向职业教育机构传达劳动力市场需求的机制
		过程	4.区域内经济实体对职业教育的参与度
			5.区域内人才需求与职业教育人才培养的匹配度
			6.区域产业结构与职业教育专业设置的匹配度
			7.职业教育与社会培训课程的更新比例
			8.校企共同培养的"双师"结构比例
		结果	9.在实际工作中，企业及受训者对在职业教育与培训中获得技能的评价
			10.职业教育及受训人员去向的追踪记录情况
	服务社会能力	背景	11.实训基地建设情况
			12.公共培训提供能力
			13.向劳动力市场提供信息的有效渠道与机制
		过程	14.培训指导系统与开放性课程的开发运用情况
			15.区域内不同教育背景人口对培训的参与情况
			16.区域内不同教育背景人口所获得的培训时间
			17.校企合作开展产品技术研发的能力

指标体系	维度	方面	具体指标
职业教育服务区域经济发展评价指标体系	服务社会能力	结果	18. 职业教育与培训项目的参与度
			19. 职业教育与培训项目的完成率
			20. 职业教育和培训参与者获得职业资格的比例
			21. 校企合作开展产品技术研发的成果
	就业能力		22. 区域内就业信息的可获得性
			23. 区域内就业、失业和待业情况
			24. 参加职业教育与培训后，没有获得稳定工作的受训者比例
			25. 参加职业教育与培训后，在相关专业领域工作，时间在 6 个月以上的比例
			26. 职业教育就业对口率，相关领域工作 3 年以上的比例
			27. 接受职业教育与培训后就业情况
			28. 接受职业教育与培训后收入情况
			29. 受训者进入新兴行业培训情况
	投入与产出效率		30. 区域经济基本指标
			31. 区域职业教育支出占 GDP 支出的比例
			32. 区域内经济实体对培训的支出情况
			33. 区域政府部门的支持力度
			34. 职业教育与社会培训经费来源情况
			35. 公共与社会力量对职业教育的投资比例
			36. 对不同层次职业教育支出的分布情况
			37. 每个培训协议的成本
			38. 每个毕业学生的成本

（一）职业教育与区域经济的匹配度

职业教育与劳动力市场、经济实体密不可分，因而对于职业教育与区域经济匹配度的考查尤为重要。指标从企业、劳动者的角度出发，评价其对职业教育和工作技能的需求状况，并对职业教育的人才培养、专业设置、课程设计、师资结构与区域社会人才需求、产业结构、区域经济实体对劳动力市场需求的匹配度进行考查，掌握在实际工作中，企业及受训者对在职业教育与培训中获得技能的评价情况，以及职业教育及受训人员去向的追踪记录情况。

（二）服务社会能力

职业教育服务社会的能力要求服务全民，向不同社会群体提供平等的职业教育机会，实现职业教育和培训体系全面开放。在指标构建中，考查职业教育对培训的提供能力和渠道机制，以性别、年龄和行业作为监测点，考查不同群体对各种职业教育项目的参与度、完成率、获得职业资格的比例以及校企合作产品技术研发成果。

以浙江省公共培训提供能力为例，全省高职高专院校共有45所，其中高专院校3所、高职院校42所。学校和企业共合作培训60.6万人次，平均每校1.35万人次，高于平均值的院校有15所，低于0.5万人次的院校有17所，其中浙江邮电职业技术学院培训人数最多，为13万人次，浙江经济职业技术学院和浙江金华职业技术学院分别为5.4万人次和4.7万人次。

（三）就业能力

区域内劳动者的就业能力关系到区域经济能否健康稳定发展，针对区域经济内劳动者的就业状况，对接受职业教育和培训后的受训者进行跟踪，了解其就业对口率、接受职业教育与培训后的就业情况和收入情况，以及没有获得稳定工作的受训者进入新兴行业的培训情况，对职业教育服务区域经济的就业能力进行评估。

以接受职业教育与培训后就业情况为例，2019年杭州职业技术学院通过对汽车检测与维修专业2013—2017届毕业生以发放和回收问卷的形式进行毕业回访调查和分析发现，汽车检测与维修专业毕业生的初次就业平均月收入为2000～3000元，随着工作年限的增加，毕业生平均月收入逐步增加，工作5年后，平均月收入增加到5000元以上。2020年杭州市城镇居民家庭人均总收入为61172元，平均月收入为5098元，从数据上分析可以看出，汽车检测与维修专业毕业生工作5年后，月收入水平趋近于杭州市城镇居民平均月收入。

（四）投入与产出效率

投入与产出效率指标包括区域经济指标（GDP、经济增长、收入、失业率、就业率等）、区域职业教育支出占 GDP 支出的比例等，对职业教育与社会培训的份额、区域政府部门的支持力度和职业教育经费投入量等进行分析，研究其投入的单位成本以及所带来的收益。

2014 年，教育部发布《关于学习贯彻习近平总书记重要指示和全国职业教育工作会议精神的通知》，要求加大对农村地区、民族地区、贫困地区职业教育的支持力度，促进区域协调发展。对于职业教育服务区域经济发展的投入与产出的研究是评价指标体系的重要方面，以吉利汽车学院为例，通过杭州职业技术学院和吉利汽车集团校企双方共建新能源汽车应用技术协同创新中心等校内生产性实训基地，企业捐赠 12 辆新能源汽车、汽车空调设备等支持实训室建设。公共与社会力量对职业教育投资比例是投入与产出效率的重要因素。

四、职业教育服务区域经济发展评价指标体系的实施

职业教育在促进区域经济发展、促进社会和谐方面发挥着重要作用，已成为我国一项重要的发展战略，在具体的实施过程中，应从以下几个方面入手。

（一）建立符合国情的评价主体机制

目前，国际上有不同的评价主体机制进行职业教育数据的收集和发布，如欧洲一些国际性机构——欧盟统计办公室、经济合作与发展组织、联合国教科文组织等长期以来关注相关数据，并在此基础上提出了评估职业教育的指标。欧盟、澳大利亚、美国已经形成常态的数据监测、采集、分析、预警和报告制度，发挥了评价指标体系在数据采集测算、研究分析、政策咨询和质量监测方面的功能。

我国迫切需要从国情出发建立相应的职业教育评价主体机制，组织和建立评估机构，负责拟订职业教育服务区域经济的评估方案、召集评估主体、指导评估顺利实施并对评估结论的反馈进行使用等工作。评估管理机构可设立在政府部门内部，也可单独设立，或直接由某个内设机构来负责评估工作，还可以委托外部机构来进行评估，并通过合同方式加以约束。评估主体主要有：职业教育政策制定及实施部门的相关上级部门；制定和实施职业教育政策的部门；与制定和实施职业教育政策部门同级的部门，如行业、企业管理部门等；政策直接作用的对象；外部专家；社会公众；等等。同时，在明确适当的评估主体以后，评估管理机构需要对其开展理

论政策和实际操作的培训，以保证评估工作的顺利实施。

（二）从终身教育的角度进行评估

为应对科技发展、经济结构转型及劳动力市场广泛变化的市场需求，终身学习和继续教育与培训成为教育体系的发展趋势。在国际范围内，职业教育正成为终身教育的重要组成部分。职业教育是一个职业启蒙教育、职前教育、职后教育等有机整合在一起的统一连续的过程。因此，对于指标体系的构建还可以从中等职业教育和高等职业教育不同层次学生在继续培训中所占的比例进行考查，从终身教育的角度把职业教育作为完整的教育体系进行评估。

（三）实现职业教育发展数据的制度化和公开化

通过对职业教育服务区域经济发展进行评价，揭示经济社会发展与职业教育的动态关系，特别是职业教育的投入与产出效率；对职业教育服务区域经济发展的评估信息进行反馈，建立职业教育信息发布系统，定期公布相关数据和信息，向有关部门提交分析和研究报告，可以为政策制定和执行部门更好地调整和改进政策提供依据，也能使相关利益群体了解信息，以更好地参与职业教育，提高职业教育的投入与产出效率，促进区域经济发展，同时为其他政策的制定和执行提供借鉴和参考。

第二节　职业教育服务区域经济发展的协调评价模型

为深入研究职业教育服务区域经济发展的状况，构建模型是必不可少的。根据对职业教育服务区域经济发展系统的相关分析，可建立职业教育服务区域经济发展系统的协调度模型。

一、系统协调模型的建模原理

由图 4-1 可以看出，"职业教育服务于区域经济发展"系统的协调包括两层含义：系统自身的自组织协调和系统与外部的组织协调，即反映了复合系统的自组织与组织特性。因此，在构建"职业教育服务区域经济发展"系统协调度模型时，既不能片面强调系统的自身复杂性而忽略人在系统中的作用，使模型失去实际意义，也不能过分地考虑系统的非线性关系而使模型失真。为此，本研究提出如下建模原则。

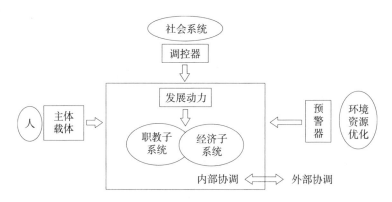

图 4-1 "职业教育服务区域经济发展"系统协调形式

（一）功能的协调原则

功能的协调原则，即"职业教育服务区域经济发展"系统功能的合理化，包括外部环境的合理化与内部结构的合理化。就外部功能而言，它是通过各子系统的功能实现的，尽管各子系统的功能与特征不同、重要程度不同，但对于复合系统的整体功能都是不可缺少的，每个子系统功能衰减或残缺都会影响整体功能的发挥。因此，区域"职业教育服务区域经济发展"系统各子系统相互协调作用，通过子功能的最优组合，达到整体功能最优、负效应最小，应是追求的目标。就内部功能而言，产业结构、产业布局、教育结构、教育规模的合理优化与匹配是协调发展的应有之义。

（二）空间的协调原则

"职业教育服务区域经济发展"系统的协调发展不仅是内部多层次的协调，还存在着与外部环境及其他系统间的相互适应、相互协调。因此，"职业教育服务区域经济发展"系统必须具有较强的自适应机制，以使其发展与外部环境相适应，使外部环境促进其发展，达到内部与外部的协调。

（三）时间的协调原则

"职业教育服务区域经济发展"系统不仅要达到静态协调，还要达到动态协调，即避免该复合系统的发展在时间上的大起大落，应保证其持续稳定发展，为此必须协调长期利益与短期利益之间的矛盾。

二、子系统内部协调度模型

协调度是指系统之间或系统要素之间在发展过程中彼此和谐一致的程度，体现系统由无序走向有序的趋势，它是一个描述系统整体效能的度量标准。"职业教育服务区域经济发展"系统的协调性包括两部分：一是组成系统的各个子系统之间的协调，二是各个子系统内部的协调。因此，关于该系统协调度的确定，还需要从子系统内部协调度和子系统之间的协调度两个方面来研究分析。

（一）子系统内部静态协调度的 DEA 模型

职业教育子系统与经济子系统均可以视为一个多投入和多输出的生产系统，可以表达为一个生产过程。系统的协调性主要是由系统的投入产出效率来反映的，效率高的系统其协调性相对较好，效率低的系统则协调性相对较差。因此，数据包络分析（data envelopment analysis，DEA）方法中的"相对有效性"的概念可以用来评价子系统发展的协调性。本研究将运用 DEA 模型测算各地区职业教育子系统、经济子系统的静态协调度。

1. DEA 模型概述

DEA 方法是一种对同类型的具有多输入、多输出的投入产出系统（称为决策单元，decision making unit，DMU）的相对运行效率进行比较评价的系统分析方法。它不需要事先假定输入输出之间的函数关系，以系统中的实际决策单元为基础，利用观测到的有效样本数据，采用线性规划技术确定系统的有效前沿面，进而得到各决策单元的相对效率，以及资源输入剩余和输出亏空等方面的信息。对于非有效的决策单元，可以利用 DEA "投影原理"进一步分析各决策单元 DEA 非有效的原因及其改进方向，从而为决策者提供重要的管理决策信息。这种方法结构简单，使用方便，特别是能有效地处理有多种投入、多种产出指标的评价问题，所以从 1978 年问世以来，在国内外得以广泛应用。因此，选用 DEA 方法可以避开输入输出指标的复杂性，以及社会经济效益难以衡量的困难，通过多组输入输出数据相对有效性的评价获得某组具备良好比例关系的数据，同时得到其相对效率评价指数。近年来，DEA 的应用研究成果更是层出不穷。在应用中，DEA 主要用于决策单元的相对效率和效益评价。这方面有国外的军用飞机的飞行、基地维修与保养评价；矿山开采评价；电力企业及私人商业公司评价；公共服务部门评价，如学校效率评价、医院工作效率评价、图书馆效率评价、银行效率评价等。国内有全国棉纺工业及铝冶炼工业效率评价、中国城市宏观经济状况评价、企业经营管理综合效率评价、机床工业相对效率评价，地区工业行业效率评价、企业相对效率评价、全国性学会的效益评价等。DEA 模型还被扩展应用于确定生产函数、评价技术进步及优化成本利润等研究领域。随着 DEA 理论研究的不断深入，应用领域的日益广泛，可以说 DEA 现已成为管理科学与系统工程领域在研究处理复杂问题时的一种重要而有效的分析工具。

2. DEA 模型的数学表述

假设有 n 个决策单元，每个决策单元 DMU_j $(j=1,2,\cdots,\ n)$ 具有 m 种形式的输入以及 s 种形式的输出，分别用输入 $\boldsymbol{X}_j$ 和输出 $\boldsymbol{Y}_j$ 表示。$\boldsymbol{X}_j = \left(x_{1j},\ x_{2j},\cdots,\ x_{mj}\right)^{\mathrm{T}} > 0,(j=1,\cdots,\ n)$；$\boldsymbol{Y}_j = \left(y_{1j},\ y_{2j},\cdots,\ y_{sj}\right)^{\mathrm{T}} > 0,(j=1,\cdots,\ n)$。其中，$x_{ij} > 0$ 表示第 j 个决策单元 DMU_j 的第 i 种类型输入的输入量；$y_{rj} > 0$ 表示第 j 个决策单元 DEU_j 的第 r 种类型输出的输出量。$i = 1,2,\cdots,\ m$；$r = 1,2,\cdots,\ s$；$j = 1,2,\cdots,\ n$。DEA 模型有多种，最基本的是评价规模有效性及技术有效性的是 C^2R 模型。评价第 j_O 决策单元（下标用 O 表示）的 C^2R 模型，线性规划（P）及其对偶规划（D）分别为：

$$(P)\begin{cases} \max \boldsymbol{\mu}^{\mathrm{T}}\boldsymbol{Y}_o = V_p \\ \text{s.t. } \boldsymbol{\omega}^{\mathrm{T}}\boldsymbol{X}_j - \boldsymbol{\mu}^{\mathrm{T}}\boldsymbol{Y}_j \geq 0 \qquad j = 1,2,\cdots,\ n \\ \boldsymbol{\omega}^{\mathrm{T}}\boldsymbol{X}_o = 1 \\ \boldsymbol{\omega} \geq 0,\ \boldsymbol{\mu} \geq 0 \end{cases} \qquad (4\text{-}1)$$

式中，V_p 为线性规划（P）的最小值；$\boldsymbol{\omega}$ 为输入指标权重向量，$\boldsymbol{\omega}^{\mathrm{T}} = \left(\omega_1,\ \omega_2,\cdots,\ \omega_m\right)$；$\boldsymbol{\mu}$ 为输出指标权重向量，$\boldsymbol{\mu}^{\mathrm{T}} = \left(\mu_1,\ \mu_2,\cdots,\ \mu_s\right)$。

通过引入 Chames-Cooper 变换以及根据线性规划的对偶理论，分式规划模型（P）与线性规划模型（D）等价。

$$(D)\begin{cases} \min \theta = V_D \\ \text{s.t } \cdot \sum_{j=1}^{n} \boldsymbol{X}_j \lambda_j + S^- = \theta \boldsymbol{X}_o \\ \sum_{j=1}^{n} \lambda_j \boldsymbol{Y}_j + S^- = \theta \boldsymbol{Y}_o \\ \lambda_j \geq 0,(j=1,2,\cdots,\ n) \\ S^- \geq 0, \\ S^+ \geq 0 \end{cases} \qquad (4\text{-}2)$$

式中，V_D 为线性规划（D）的最优值；θ 为第 j_o 决策单元的有效性指数；λ_j 为相对于第 j_o 决策单元重新构造一个有效决策单元组合中第 j 个决策单元的组合比例；S^+、S^-为松弛变量。

定理 4.1——线性规划（P）和（D）均存在解，并且最优值 $V_D = V_P \leqslant 1$。

定义 4.1——若线性规划（P）的解中存在 $\boldsymbol{\omega}^* > 0$，$\boldsymbol{\mu}^* > 0$ 并且 $V_P = \left(\boldsymbol{\mu}^*\right)^{\mathrm{T}} y_o = 1$，则称第 j_o 决策单元为 DEA(C^2R) 有效。

定理 4.2——第 j_o 决策单元为 DEA(C^2R) 有效的充分必有条件是线性规划（D）的最优值 $V_D = 1$，并且它的每个最优解入 λ^*，S^{*-}，S^{*+}，θ^* 都有 $S^{*-} = 0$，$S^{*+} = 0$。

3. DEA 模型的经济含义

（1）当 $\theta = 1$ 时，若 $S_i^- = S_o^+ = 0$，则称决策单元 DMU_{j_o} DEA 有效，则决策单元 DMU_{j_o} 的投入产出已达到最优；若 $S_i^- \neq S_o^+ \neq 0$，则称决策单元 DMU_{j_o} 弱有效，即可以使输入 X_o 减少 S_i^-，而产出不变，或在投入 x_o 不变的情况下产出 Y_o 可提高 $S_i^- \neq S_o^+ \neq 0$。当 $\theta < 0$ 时，则称 DMU_{j_o} 为 DEA 无效，即可通过组合将投入降至原投入 X_o 的 θ 比例而产出 Y_o 保持不变。

（2）设 $k = \sum_{j=1}^{n} \lambda_j / \theta$，当 $k = 1$ 时，则 DMU_{j_o} 规模效益不变，此时达到最大产出规模点；当 $k < 1$ 时，DMU_{j_o} 规模收益递增，且 k 值越小，规模递增趋势越大，表明 DMU_{j_o} 在投入 X_o 的基础上，适当增加投入产出量将有更大比例的增加；当 $k > 1$ 时，DMU_{j_o} 规模收益递减，且 k 值越大，规模递减趋势越大，表明在 DMU_{j_o} 投入 X_o 的基础上，即使增加投入量也不可能带来更大比例的产出，此时没有增加决策单元投入的必要。

（3）利用 DEA 模型不仅可以分析决策单元的有效性，而且对于非 DEA 有效决策单元进行有效生产前沿面的投影，能分析出导致决策单元非 DEA 有效性的影响因素。无效单元在生产前沿面上对应的投影为 $\hat{X}_{j_o} = \theta X_{j_o} - S^-$，$\hat{Y}_{j_o} = Y_{j_o} + S^+$，结合该决策单元原有的投入和产出规模，可以计算出无效决策单元的投入冗余率 $\alpha_{j_o} = \hat{X}_{j_o} - X_{j_o} / X_{j_o}$、产出不足率 $\beta_{j_o} = \hat{Y}_{j_o} - Y_{j_o} / Y_{j_o}$。这两个指标主要用于动态分析系统中各要素对系统的影响程度及其改进的方向。

（二）子系统内部协调度变化的 Malmquist 指数模型

Malmquist 生产率指数是 Caves，Christeren 和 Diewert 在 Malmquist 数

量指数与距离函数概念的基础上，建立起来的用于测量总要素生产率 TFP（Total Factor Productivity）变化的专门指数。Malmquist 生产率指数方法能够准确测量在一定时间段内系统生产效率的变化，按照上一节的分析思路同样可以用 Malmqusit 指数模型测算各子系统状态协调度的变化。

设研究共涉及 K 个决策单元，其中第 k 个决策单元 DMU_k ($k=1,2,3,\cdots,\ k$) 在时期 τ 的输入输出向量分别为：

$$x_k^\tau = \left(x_{k1}^\tau,\ x_{k2}^\tau,\ldots,\ x_{kN}^\tau \right) \in \Re_+^N \quad \text{和}\ y_k^\tau = \left(y_{k1}^\tau,\ y_{k2}^\tau,\ldots,\ y_{kM}^\tau \right) \in \Re_+^M \qquad （4-3）$$

则全部 K 个决策单元其输入输出向量可表示为：

$$X^\tau = \left(x_1^\tau,\ x_2^\tau,\ldots,\ x_N^\tau \right) \in \Re_+^{N \cdot K} \quad,\quad Y^\tau = \left(y_1^\tau,\ y_2^\tau,\ldots,\ y_M^\tau \right) \in \Re_+^{M \cdot K}$$

则在一段时间 τ 内 DMU_k 基于以上输入输出向量 $(X^\tau,\ Y^\tau)$ 的生产转移函数可表示为：

$$S_k^t = \left\{ \left(y_k^\tau, x_k^\tau \right): y_k^\tau \in \Re_+^M\ \text{is producible from}\ x_k^\tau \in \Re_+^N \right\} \qquad （4-4）$$

在此基础上，如果设该函数 S_k^t 满足强可支配性及固定规模收益，可将式（4-4）改写为：

$$S_k^\tau = \left\{ y_k^\tau: y_k^\tau \leqslant \lambda Y^\tau,\ x_k^\tau \geqslant \lambda X^\tau,\ \lambda \geqslant 0 \right\} \lambda \in \Re^k \qquad （4-5）$$

利用 Shephard 在生产空间 $D_k^\tau: \Re_+^N \times \Re_+^M \to \Re_+^+ \bigcup \{\infty\}$ 上所定义的距离函数，可得到基于上述输入输出向量 $\left(y_k^\tau, x_k^\tau \right)$ 的产出距离函数：

$$
\begin{aligned}
&D_o^\tau \left(y_k^\tau,\ x_k^\tau \right) \\
&= \inf \left\{ \theta \in \Re_+^K: \left(y_k^\tau / \theta,\ x_k^\tau \right) \in S_k^\tau \right\} \\
&= \left(\sup \left\{ \theta \in \Re_+^K: \left(y_k^\tau / \theta,\ x_k^\tau \right) \in S_k^\tau \right\} \right)^{-1} \\
&D_o^\tau \left(y_k^\tau, x_k^\tau \right) \leqslant 1
\end{aligned}
\qquad （4-6）
$$

式中，S_k^t 为式（4-5）所定义的一定技术所对应的生产可能集；$\theta \in [0, 1]$ 为产出效率，当 $\theta=1$ 时说明资源配置有效，所有投入要素都发挥了最大作用，$\theta<1$ 说明资源配置处于冗余状态。

设 τ 时期 S_k^τ，$S_k^{\tau+1}$ 及输入输出向量 $\left(y_k^\tau,\ x_k^\tau \right)$ 确定，为了计算该时段全要素生产率变化，我们需要定义两个以不同时期生产前沿为参照的产出距离函数：

$$D_o^z \left(y_k^{z+1}, \ x_k^{z+1} \right)$$

$$= \inf \left\{ \theta \in \Re_+^k : \left(y_k^{z+1} / \theta, \ x_k^{z+1} \right) \in S_k^z \right\} \qquad （4-7）$$

$$= \left(\sup \left\{ \theta \in \Re_+^k : \left(y_k^{z+1} / \theta, \ x_k^{z+1} \right) \in S_k^z \right\} \right)^{-1}$$

$$D_o^{\tau+1} \left(y_k^\tau, \ x_k^\tau \right)$$

$$= \inf \left\{ \theta \in \Re_+^k : \left(y_k^\tau / \theta, \ x_k^\tau \right) \in S_k^{\tau+1} \right\} \qquad （4-8）$$

$$= \left(\sup \left\{ \theta \in \Re_+^k : \left(y_k^\tau / \theta, \ x_k^\tau \right) \in S_k^{\tau+1} \right\} \right)^{-1}$$

基于此，τ 时期以 $\tau+1$ 时期技术为参照的全要素生产率变化 $M_k^\tau(y_k^\tau, \ x_k^\tau)$ 可以由式（4-7）、式（4-8）所定义的两个产出距离函数表示：

$$M_k^\tau \left(y_k^\tau, \ x_k^\tau \right) = \frac{D_o^\tau \left(y_k^{\tau+1}, \ x_k^{\tau+1} \right)}{D_o^\tau \left(y_k^\tau, \ x_k^\tau \right)} \qquad （4-9）$$

同理，$\tau+1$ 时期以 τ 时期技术为参照的劳动生产效率 $M_k^{\tau+1} \left(y_k^{\tau+1}, \ x_k^{\tau+1} \right)$ 可以由式（4-6）、式（4-8）所定义的两个产出距离函数表示：

$$M_k^{\tau+1} \left(y_k^{\tau+1}, \ x_k^{\tau+1} \right) = \frac{D_o^{\tau+1} \left(y_k^{\tau+1}, \ x_k^{\tau+1} \right)}{D_o^{\tau+1} \left(y_k^\tau, \ x_k^\tau \right)} \qquad （4-10）$$

以 τ 时期的生产前沿面为参考平面，式（5-9）表示由输入输出向量 $\left(y_k^{\tau+1}, \ x_k^{\tau+1} \right)$ 所在生产前沿面向可变输入输入向量 $\left(y_k^\tau, \ x_k^\tau \right)$ 所在生产前沿面调整的比率。同理，以 $\tau+1$ 时期的生产前沿面为参考平面，式（4-10）表示由输入输出向量 $\left(y_k^\tau, \ x_k^\tau \right)$ 所在生产前沿面向可变输入输出向量 $\left(y_k^{\tau+1}, \ x_k^{\tau+1} \right)$ 所在生产前沿面调整的比率。

式中，$D_o^\tau \in (0,\infty)$ 和 $D_o^{\tau+1} \in (0, \ \infty)$，则 $M_k^\tau \in (0, \ \infty)$。当 $M_k^\tau \geq 1$ 时，全要素生产率提高；当 $M_k^\tau < 1$ 时，全要素生产率下降。

但是固定时期参考平面的选择必然带来由此产生的效率偏差。为避免这一影响，Faire R., Grosskopf S., Lindgren B., Roos P. 利用同一函数不同时期的几何平均值（Caves D.L., Christensen 和 Diewert E.）的定义方法，定义从 τ 时期到 $\tau+1$ 时期产出角度的 Malmquist 生产率指数模型：

$$M_{k\tau}^{\tau+1} \left(y_k^{\tau+1}, x_k^{\tau+1}, y_k^\tau, x_k^\tau \right)$$

$$= \sqrt{\frac{D_o^\tau \left(y_k^{\tau+1}, x_k^{\tau+1} \right) \times D_o^{\tau+1} \left(y_k^{\tau+1}, x_k^{\tau+1} \right)}{D_o^\tau \left(y_k^\tau, x_k^\tau \right) \times D_o^{\tau+1} \left(y_k^\tau, x_k^\tau \right)}} \qquad （4-11）$$

$M_{k\tau}^{\tau+1} \geq 1$ 表示全要素生产效率的提高；$M_{k\tau}^{\tau+1} < 1$ 表示全要素生产效率的下降。

三、子系统之间协调度模型

（一）子系统之间的协调度分析

子系统之间的协调度是指该子系统的实际发展状况与其受到其他子系统影响下所应达到的发展状况之间的关联程度。若记系统为 S，S_1，S_2，…，S_m 分别表示子系统，即：

$$S = \{S, \ S_1, \ S_2, \cdots, \ S_m\}$$

其式，$S_i = \{Y_{i1}, \ Y_{i2}, \cdots, \ Y_{ip}\}$，$(i = 1,2,\cdots, \ m, \ p)$；为系统 S_i 所包含的指标的个数。

子系统之间协调度的计算思路如下

1. 确定子系统 S_i 的协调值序列

设 a_i 为子系统 S_i 的协调值，即为该子系统在其他子系统影响下的综合发展指数。协调值的确定主要是通过建立所分析的子系统与其他子系统之间应满足的模拟关系模型来进行的，确定以下关系式：

$$a_i = f\left(S_1, \ S_2, \cdots, \ S_{i-1}, \ S_{i+1}, \ S_m\right)$$

实际上，在建立起来关系模型以后，将模型的自变量数据序列代入模型，所得到的分析要素的模拟值即为该要素的协调值序列，即：

$$\hat{a}_i = f\left(S_1, \ S_2, \cdots, \ S_{i-1}, \ S_{i+1}, \ S_m\right) \quad (i = 1,2,\cdots, \ m; j = 1,2,\cdots, \ p)$$

2. 计算子系统 S_i 的协调系数 c_i

协调系数就是指子系统实际综合发展指数序列与其协调值序列之间的相互关联程度。

3. 计算子系统之间的协调度

（二）子系统之间静态协调度建模

本研究运用主成分分析与回归模型相结合的综合评价方法来评价高等教育子系统与经济子系统之间的协调度，基本思路是：①运用主成分分析法分析子系统各要素的重要程度并构建子系统的综合发展指数模型；②通过回归模拟模型确定各子系统的综合发展指数的预测值，即协调值；③根据隶属度函数定量计算子系统协调系数与子系统之间的协调度。

1.利用主成分分析法测量要素综合发展指数

由于子系统构成指标数目较多，直接计算各子系统指标间的协调值与协调系数过程比较复杂，因此本研究首先采用主成分分析法来计算各子系统的综合发展水平指数，在此基础上计算子系统之间的协调值与协调系数。

主成分分析法是在保证信息损失尽可能少的前提下，经线性变换对指标进行"聚集"，并舍弃一小部分信息，从而使高维的指标数据得到最佳的简化。其计算过程如下：

首先对数据 $X_{ij}\left(i=1,2,\cdots,\ n;\ j=1,2,\cdots,\ p\right)$ 进行标准化处理，即：

$$Y_{ij}=\frac{\left(X_{ij}-\bar{X}_j\right)}{\sigma_j} \qquad (4-12)$$

式中，$\bar{X}_j=\dfrac{1}{n}\sum_{t=1}^{n}X_{ij}$，$\sigma_j=\sqrt{\dfrac{1}{n-1}\sum_{n=1}^{n}\left(X_{ij}-\bar{X}_j\right)}$

构造关联系数矩阵。根据标准化数据构造子系统要素的相关系数矩阵 $\boldsymbol{R}=\left(r_{ij}\right)_{p\times p}$，其中 $r_{ij}=\dfrac{s_{ij}}{\sqrt{s_{ii}}\sqrt{s_{jj}}}(i,\ j=1,2,\cdots,\ p)$。

计算相关系数矩阵的特征值和特征向量。

首先假定相关系数矩阵 $\boldsymbol{R}$ 的特征值 λ_i 存在且设 $\lambda_i\geqslant\lambda_{i+1}$，$(i=0,1,\cdots,\ \rho-1)$，特征值向量 $\boldsymbol{\beta}_i=\left(\beta_{i1},\ \beta_{i2},\cdots,\ \beta_{ip}\right)^{\mathrm{T}}$ 相应各成分的方差贡献率为 $q_j=\lambda_j\big/\sum_{j=1}^{p}\lambda_j\ (j=1,2,\cdots,\ \rho)$，$\rho$ 为指标个数。由此可以得到子系统相关系数矩阵的特征值、特征向量及相应各成分的方差贡献率 q_i。

计算各样本在各主成分方向上的得分值，即：

$$\begin{bmatrix} Z_1^i \\ Z_2^i \\ \vdots \\ Z_m^i \end{bmatrix} = \begin{bmatrix} \beta_{11} & \beta_{12} & \cdots & \beta_{1p} \\ \beta_{21} & \beta_{22} & \cdots & \beta_{2p} \\ & & & \\ \beta_{m1} & \beta_{m2} & \cdots & \beta_{mp} \end{bmatrix} \cdot \begin{bmatrix} y_{i1} \\ y_{i2} \\ \\ y_{ip} \end{bmatrix} \quad (j=1,2,\cdots,\ p) \qquad (4-13)$$

式中，$m(m<\rho)$ 为满足 $\sum_{j=1}^{m}\lambda_j\big/\sum_{j=1}^{p}\lambda_j\geqslant e$ 的最小正整数，一般取 $e=0.85$。根据相关系数矩阵 $\boldsymbol{R}$ 的特征向量及最初的标准化数据 y_{ij}，可以得出相关系数矩阵 $\boldsymbol{R}$ 的主分量。如果主成分对应的方差贡献率 $\sum_{j=1}^{m}p_j\geqslant 85\%$，即可利用

前 m 个主成分来计算子系统要素的综合发展指数。其计算公式为：

$$F_k = C_{k1}X_1 + C_{k2}X_2 + \cdots + C_{kp}X_p$$

式中，C_{k1}，C_{k2}，$\cdots$，C_{kp} 为第 k 个主成分的载荷值；X_1，X_2，$\cdots$，X_p 为标准化后的指标值。

由前 m 个主成分 F_j 及其对应的方差贡献率 P_j 可以得到子系统某要素的综合发展水平值：

$$F = \sum_{j=1}^{m} F_j p_j \qquad (4\text{--}14)$$

2. 确定子系统要素协调值的回归分析模型

对系统协调值的确定，应用最广泛的是回归分析模型。其基本过程是：①运用主成分分析法，对反映各子系统发展状况的指标体系进行评估，从而确定各个子系统的综合发展水平，以此作为实际值；②根据各子系统综合发展指数回归拟合分析得出协调值。所谓协调值就是某一系统与其他系统相适应的数值。

其基本原理是：以 X、Y、Z 分别代表 S_1、S_2、S_3 三个子系统的综合发展水平，通过建立并选取回归方程 $X = f(Y)$，得到 S_2 子系统，要求根据 S_1 子系统综合发展指数 X 的协调值（预测值）X'，建立方程 $X = f(Y, Z)$，做回归拟合分析，可以得到 X 的协调值 X'，同理可以得到 Y 的协调值 Y'，Y''，Z 的协调值 Z'，Z''。

3. 子系统之间的协调度测算

在评价系统的状态是否"协调"时，不能仅以"是"或"不是"做出结论。因为系统的协调状况更多是处于"协调"与"不协调"之间。可见，协调是一个内涵明确而外延不明确的模糊概念，因此，可用模糊数学中的隶属度概念对其进行描述。隶属度变化规律通过隶属度函数来反映。应用这一思想，可以建立协调系数函数，其计算公式为：

$$U = \exp\left\{ -\frac{(X - X')^2}{S^2} \right\} \qquad (4\text{--}15)$$

式中，U 为协调系数；X 为实际值（或观察值）；X' 为协调值；S^2 为方差。从公式可以看出：实际值越接近协调值，协调系数 U 越大，说明系统协调程度越高；实际值与协调值离差越大，协调系数越小，说明系统协调程度越低；当实际值等于协调值时，协调系数为 1，说明系统完全协调；当实际值与协调值离差趋于无穷大时，协调系数趋于零，说明系统完全不协调。

两系统之间的协调度计算公式为：

$$U(i,\ j)=[\min\{\pmb{\mu}(i/j),\ \pmb{\mu}(j/i)\}]/[\max\{\pmb{\mu}(i/j),\ \pmb{\mu}(j/i)\}](0<U(i,\ j)\leqslant 1)$$

$$(4-16)$$

式中 $\pmb{\mu}(i/j)$ 是 i 系统对 j 系统的协调系数，是 i 系统的实际指标值 X_i 与 j 系统对 i 系统的协调系数。上式表明，$\pmb{\mu}(i/j)$ 与 $\pmb{\mu}(j/i)$ 的值越接近，$U(i,\ j)$ 的值就越大，说明两系统间协调发展的程度就越高；反之，$\pmb{\mu}(i/j)$ 与 $\pmb{\mu}(j/i)$ 的值相差越大，$U(i,\ j)$ 的值越小，说明两系统间协调程度越低；当 $\pmb{\mu}(i/j)$ 与 $\pmb{\mu}(j/i)$ 相等时，$U(i,\ j)$ 等于 1，说明两系统间完全协调。

（三）子系统之间动态协调度模型

在子系统之间协调度的评价中，有以下定义：

定义 4.2——子系统之间的静态协调度为 $C(t)=U(S_1,\ S_2,\cdots,\ S_m,\ t)$。

推论 4.1—— $C(t)$ 越大，系统协调性越好。若 $C(t)=1$，则 m 个子系统构成的复合系统是完全协调的；若 $k_2\leqslant C(t)\leqslant 1$，则系统是基本协调的；若 $k_1\leqslant C(t)\leqslant k_2$，则系统是不协调的；若 $C(t)\leqslant k_1$，则系统是极不协调的。其中，$0\leqslant k_1\leqslant k_2\leqslant 1$，$k_1$、$k_2$ 根据实际情况确定。

定义 4.3—— 设 $C(t-T+1)$，$C(t-T+2)$，$\cdots$，$C(t-1)$，$C(t)$ 为系统在 $(t-T+1)\sim t$ 这一段中各个时刻的静态协调度，则 $\bar{C}(t)=\dfrac{1}{T}\sum\limits_{i=0}^{T-1}C(t-i)$ 为系统在 $(t-T+1)\sim t$ 时段的动态协调度。式中，T 为基准时间段，$0\leqslant \bar{C}(t)\leqslant 1$。

推论 4.2——设 $t_2>t_1$（任意两个时刻），若 $\bar{C}(t)$ 保持不递减，表明系统区域逐步协调。

第三节　职业教育服务区域经济发展的常用评价方法

一、评价方法概述

专家评分法、Delphi 法、简单加权和法、AHP 法等是人们所熟知的传统的评价方法。近年来，一方面由于其他相关领域如专家系统、人工神经网络、灰色理论的发展，产生了一些新的评价方法；另一方面通过实际评价项目中的应用，许多已有的方法也在理论和实践方面得到了发展，如 AHP 法，自出现 20 年以来，被广泛应用于实践并适用于多种评价对象，从而更趋于成熟和成功，同时，将其与其他方法相结合产生了许多新方法，如将它与模糊理论结合产生模糊 AHP 法。下面将一些常用的方法做分类论述。

（一）经济分析法

经济分析法也可称为单项评价方法，它主要指经济评价方法和技术评价方法，就是利用经济理论和技术水平对系统的某个方面做出定量评价的方法。经济评价方法主要有价值分析法、费用—效益法、利润评价法等。技术评价方法主要有可行性、可靠性评价等。

（二）TOPSIS 法

大多数评价方法都是由评价者按照自己的偏好来进行评价的，这通常造成两种后果：一是不同的评价者将会得出不同的评价结果，有时甚至会相差很大；二是当评价者的偏好发生变化时，评价结果也会不同。TOPSIS（technique for order preference by similarity to ldeal solution）法为评价者提供了另一种评价模式，即根据理想点原理，寻求离理想点最近的方案作为最佳方案，从而减小因评价者的不同或其偏好的变化而引起的评价结果的差异。所谓理想点原理，就是先设法确定一个理想点，然后在问题解的约束空间上寻找一个与理想点间的距离最小的点，则该点即为所求点。TOPSIS 法需要给出评价矩阵和指标权重向量，通过计算 Euclid 范数，按相对接近程度进行方案排序。国内学者在应用 TOPSIS 法的同时，还对其进行了一些改进，如郭耀煌和贾建民提出了新双基点法，刘树林、邱苑华提出了夹角度量法等。

（三）模糊综合评价法

近 20 年来，人们将模糊数学应用于多目标综合评价之中，以解决评价问题中存在的模糊性，特别是对于定性信息较多的问题。模糊综合评价法（fuzzy comprehensive assessment）是其中的一种重要方法。它首先建立问题的目标集和评定集，分别确定它们的隶属度向量；然后在各个单目标评判的基础上，通过模糊映射得出多目标综合评价结果。模糊综合评价由于可以较好地解决评价中的模糊性问题，因而在许多领域得到了极为广泛的应用。另外，在多数评价方法中，不仅指标的权重一般都要由专家给定，而且定性信息也多是通过人的主观判断予以量化的。而人的判断、偏好固有的模糊性，以及定性信息的模糊性也要求人们用模糊数学的方法来处理上述问题，以得到更符合实际的结果。F.Choobineh 等人对此进行了相应的研究，提出了一些处理方法。

二、灰色聚类评价理论

灰色聚类评价是灰色系统评价法的一类聚类分析，是采用数学定量手段确定聚类对象间的亲疏关系，进行分型化的一种多元分析方法。它是根据灰色关联矩阵或灰数的白化权函数将一些观测指标或观测对象划分成若干个可定义类别的方法。它的实质是充分、合理地利用已知信息来替代未知的、非确知的信息，对灰色系统的本质属性进行分类识别，并给出客观、可靠的量化分析结果。灰色聚类按聚类对象划分，可分为灰色关联聚类和灰色白化权函数聚类。

灰色关联聚类主要用于同类因素的归并，以使复杂系统简化；灰色白化权函数聚类是将聚类对象对于不同的聚类指标拥有的白化数，按灰类的不同进行归纳，从而判定该聚类对象属于哪一类，它主要用于检查观测对象是否属于事先设定的不同类别，以便区别对待。

本研究采用灰色白化权函数聚类方法对设计指标进行分类判断，以下部分为灰色白化权函数聚类的有关介绍。

设有 n 个聚类对象，m 个聚类指标，s 个不同灰类，根据第 $i(i=1, 2,\cdots, n)$ 个对象关于 $j(j=1, 2,\cdots, m)$ 个指标的观察值 $x_{ij}(i=1, 2,\cdots, n; j=1, 2,\cdots, m)$ 将第 i 个对象归入第 $k(k\in\{1, 2,\cdots, s\})$ 个灰类，称为灰色聚类。

将 n 个对象关于指标 j 的取值相应地分为 s 个灰类，我们称为 j 指标子类。j 指标 k 子类的白化权函数记为 $f_j^k(\bullet)$。

常见灰色聚类白化权函数 $f_j^k(\bullet)$ 有四种类型，具体如下：

类型一：典型白化权函数

如图 4-2 所示，$x_j^k(1)$，$x_j^k(2)$，$x_j^k(3)$，$x_j^k(4)$ 为典型白化权函数 $f_j^k(\bullet)$ 的转折点。典型白化权函数 $f_j^k(\bullet)$ 记为 $f_j^k\left[x_j^k(1), x_j^k(2), x_j^k(3), x_j^k(4)\right]$：

$$f_j^k(x)=\begin{cases} 0, & x\notin\left[x_j^k(1), x_j^k(4)\right] \\ \dfrac{x-x_j^k(1)}{x_j^k(1)-x_j^k(2)} & x\in\left[x_j^k(1), x_j^k(2)\right] \\ 1 & x\in\left(x_j^k(2), x_j^k(3)\right] \\ \dfrac{x_j^k(4)-x}{x_j^k(4)-x_j^k(3)} & x\in\left(x_j^k(3), x_j^k(4)\right] \end{cases} \tag{4-17}$$

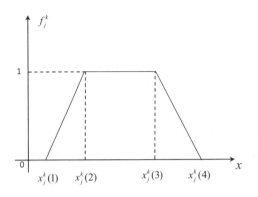

图 4-2　典型白化权函数

类型二：下限测度白化权函数

若典型白化权函数 $f_j^k(\bullet)$ 第一和第二折点 $x_j^k(1)$，$x_j^k(2)$ 如图 4-3 所示，则称 $f_j^k(\bullet)$ 为下限测度白化权函数，记为 $f_j^k\left[-,-,\ x_j^k(3),\ x_j^k(4)\right]$：

$$f_j^k(x)=\begin{cases} 0 & x\notin\left[0,\ x_j^k(4)\right] \\ 1 & x\in\left[0,\ x_j^k(3)\right] \\ \dfrac{x_j^k(4)-x}{x_j^k(4)-x_j^k(3)} & x\in\left[x_j^k(3),\ x_j^k(4)\right] \end{cases} \qquad （4-18）$$

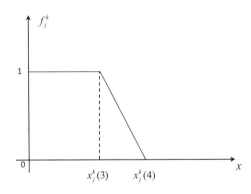

图 4-3　下限测度白化权函数

类型三：适中测度白化权函数

若典型白化权函数 $f_j^k(\bullet)$ 第二和第三折点 $x_j^k(2)$，$x_j^k(3)$ 重合，如图 4-4 所示，则 $f_j^k(\bullet)$ 为适中测度白化权函数，记为 $f_j^k\left[x_j^k(1),\ x_j^k(2),-,\ x_j^k(4)\right]$：

$$f_j^k(x)=\begin{cases} 0 & x\notin\left[x_j^k(1),\ x_j^k(4)\right] \\ \dfrac{x-x_j^k(1)}{x_j^k(2)-x_j^k(1)} & x\in\left[x_j^k(1),\ x_j^k(2)\right] \\ \dfrac{x_j^k(4)-x}{x_j^k(4)-x_j^k(2)} & x\in\left(x_j^k(2),\ x_j^k(4)\right] \end{cases} \qquad (4-19)$$

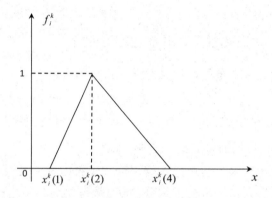

图 4-4　适中测度白化权函数

类型四：上限测度白化权函数

若典型白化权函数 $f_j^k(\bullet)$ 第三和第四折折点 $x_j^k(3)$，$x_j^k(4)$ 重合，如图 4-5 所示，则称 $f_j^k(\bullet)$ 为上限测度白化权函数，记为 $f_j^k\left[x_j^k(1),\ x_j^k(2),-,-\right]$：

$$f_j^k(x)=\begin{cases} 0 & x<x_j^k(1) \\ \dfrac{x-x_j^k(1)}{x_j^k(2)-x_j^k(1)} & x\in\left[x_j^k(1),\ x_j^k(2)\right] \\ 1 & x\geq x_j^k(2) \end{cases} \qquad (4-20)$$

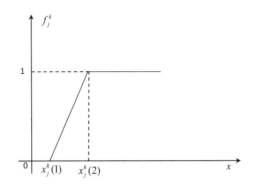

图 4-5　上限测度白化权函数

三、基于三角白化权函数的灰色聚类评价

本研究采用基于三角白化权函数的灰色聚类评价方法，具体方法如下：

设有 n 个聚类对象，m 个聚类指标，s 个不同灰类，根据第 $i(i=1,2,\cdots,\ n)$ 个对象关于 $j(j=1,2,\cdots,\ m)$ 个指标的观察值 $x_{ij}(i=1,2,\cdots,\ n;\ j=1,2,\cdots,\ m)$ 对相应的对象 i 进行评估、诊断。

基于三角白化权函数的灰色聚类评价方法的具体步骤如下。

第一步：按照评估要求所需划分的灰类数 s，将各个指标的取值范围也相应地划分为 s 个灰类，如将 j 指标的取值范围 $[a_1,\ a_{s+1}]$ 划分为 s 个区间：

$$[a_1,\ a_2],\cdots,[a_{k-1},\ a_k],\cdots,[a_{s-1},\ a_s],[a_s,\ a_{s+1}]$$

式中，$a_k(k=1,2,\cdots,\ s,\ s+1)$ 的值一般可根据实际情况的要求或定性研究结果确定。

第二步：令 $\lambda_k=(a_k+a_{k+1})/2$ 属于第 k 个灰类的白化权函数值为 1，连接 $(\lambda,1)$ 与第 $k-1$ 个灰类的起点 a_{k-1} 和第 $k+1$ 个灰类的终点 a_{k+1}，得到 j 指标关于 k 灰类的三角白化权函数 $f_j^k(\bullet)$（$j=1,2,\cdots,\ m$；$k=1,2,\cdots,\ s$）。对于 $f_j^1(\bullet)$ 和 $f_j^2(\bullet)$ 可分别将 j 指标取数域向左、右延拓至 a_0，a_{s+2}。

对于指标 j 的一个观测值 x ，可由公式：

$$f_j^k(x) = \begin{cases} 0, & x \notin [a_{k-1}, \ a_{k+2}] \\ \dfrac{x - a_{k-1}}{\lambda_k - a_{k-1}}, & x \in [a_{k-1}, \ \lambda_k] \\ \dfrac{a_{k+2} - x}{a_{k+2} - \lambda_k} & x \in [\lambda_k, \ a_{k+2}] \end{cases} \qquad (4\text{-}21)$$

计算出其属于灰类 $k(k=1,2,\cdots,\ s)$ 的隶属度 $f_j^k(x)$ ，式中， $\lambda_j^k = (x_j^k + x_j^{k+1})/2$ 。

第三步：计算对象 $i(i=1,2,\cdots,\ n)$ 关于灰类 $k(k=1,2,\cdots,\ s)$ 的综合聚类系数 σ_i^k

$$\sigma_i^k = \sum_{j=1}^m f_j^k(x_{ij}) \cdot \eta_j \qquad (4\text{-}22)$$

式中， $f_j^k(x_{ij})$ 为指标 j 第 k 子类白化权函数； η_j 为指标 j 在综合聚类中的权重。

第四步：由 $\max_{1 \leqslant k \leqslant i}\{\sigma_i^k\} = \sigma_i^{k^*}$ 判断对象 i 是否属于灰类 k^* 。当有多个对象同属于 k^* 灰类时，还可以进一步根据综合聚类系数的大小确定同属于 k^* 灰类的各个对象的优劣或位次。

第四节　基于实证的职业教育与区域经济协调度和协调发展评价

本节拟对我国的 28 个省、自治区、直辖市，2018 年"职业教育服务区域经济发展"系统协调发展状况进行评价。

一、指标权重确定

各指标权重的大小反映各项指标在评估过程中的作用程度，对评估有直接影响。本研究当中的各指标权重见表 4-3。

二、评价灰类的确定

确定评价灰类就是要确定评价灰类的等级、灰类的灰数以及灰类的白化权函数。本研究采用 3 个评价灰类，灰类序号为 k （ $k=1,2,3$ ），分别表示"差""良""优"。在此，评价灰类的划分采用专家咨询法，各评价指标、各灰类取值范围见表4-3。

表4-3　各指标权重及灰类

准则	指标	权重	差类	良类	优类
发展度	X_1	0.097	$0.5 \leq X_1^1 < 1$	$0.5 \leq X_1^2 < 3$	$3 \leq X_1^3 < 4$
	X_2	0.050	$50 \leq X_2^1 < 120$	$1120 \leq X_2^2 < 190$	$190 \leq X_2^3 < 360$
	X_3	0.081	$1000 \leq X_3^1 < 1000$	$10000 \leq X_3^2 < 20000$	$20000 \leq X_3^3 < 50000$
	X_4	0.086	$8500 \leq X_4^1 < 10000$	$10000 \leq X_4^2 < 15000$	$15000 \leq X_4^3 < 35000$
	X_5	0.057	$25 \leq X_5^1 < 35$	$35 \leq X_5^2 < 75$	$75 \leq X_5^3 < 90$
持续度	X_6	0.059	$2250 \leq X_6^1 < 5000$	$5000 \leq X_6^2 < 8000$	$8000 \leq X_6^3 < 22000$
	X_7	0.042	$10 \leq X_7^1 < 12$	$12 \leq X_7^2 < 14$	$14 \leq X_7^3 < 20$
	X_8	0.050	$4.5 \leq X_8^1 < 2$	$2 \leq X_8^2 < 1$	$1 \leq X_8^3 < 0.5$
	X_9	0.101	$0.45 \leq X_9^1 < 1$	$1 \leq X_9^2 < 1.5$	$1.5 \leq X_9^3 < 2.5$
	X_{10}	0.046	$4.5 \leq X_{10}^1 < 5$	$5 \leq X_{10}^2 < 7$	$7 \leq X_{10}^3 < 14$
	X_{11}	0.076	$0.2 \leq X_{11}^1 < 1$	$1 \leq X_{11}^2 < 1.5$	$1.5 \leq X_{11}^3 < 4.5$
协调度	X_{12}	0.062	$0.5 \leq X_{12}^1 < 0.8$	$0.8 \leq X_{12}^2 < 0.9$	$0.9 \leq X_{12}^3 < 1$
	X_{13}	0.064	$0.5 \leq X_{13}^1 < 0.8$	$0.5 \leq X_{13}^2 < 0.8$	$0.5 \leq X_{13}^3 < 0.8$
	X_{14}	0.129	$0.75 \leq X_{14}^1 < 0.85$	$0.85 \leq X_{14}^2 < 0.95$	$0.95 \leq X_{14}^3 < 1$

三、评价指标取数域延拓值

按照上述"职业教育服务区域经济发展"系统协调发展评价方法，并结合研究区域实际，对各评价指标进行延拓。表4-4为各指标延拓值。

表4-4 各指标延拓值

指标	X_j^0	X_j^4
X_1	0.1	6
X_2	20	400
X_3	900	51000
X_4	8000	36000
X_5	20	100
X_6	2000	25000
X_7	5	25
X_8	5	4.5
X_9	0.4	3
X_{10}	0.1	15
X_{11}	0.1	5
X_{12}	0.2	1.5
X_{13}	0.2	1.5
X_{14}	0.6	1.1

四、评价结果与分析

以天津市为例，根据式（4-21）、式（4-22）及表4-3、表4-4中三个灰类的阈值和延拓值可得 $j=1$ 时的三角白化权函数：

$$f_1^1(x) = \begin{cases} 0 & x \notin [0.1,\ 3] \\[2mm] \dfrac{x-0.1}{0.75-0.1} & x \in [0.1,\ 0.75] \\[2mm] \dfrac{3-x}{3-0.75} & x \in [0.75,\ 3] \end{cases} \qquad (4-23)$$

$$f_1^2(x) = \begin{cases} 0 & x \notin [0.5,\ 4] \\ \dfrac{x-0.5}{2-0.5} & x \in [0.5,\ 2] \\ \dfrac{4-x}{4-2} & x \in [2,\ 4] \end{cases} \qquad (4\text{--}24)$$

$$f_1^3(x) = \begin{cases} 0 & x \notin [1,\ 6] \\ \dfrac{x-1}{4-1} & x \in [1,\ 4] \\ \dfrac{4-x}{6-4} & x \in [4,\ 6] \end{cases} \qquad (4\text{--}25)$$

将天津市 2018 年的人均 GDP $X_1 = 4.116$ 代入式（4-23）～式（4-25），可以计算出天津市关于人均 GDP 这一指标对"优""良""差"三个灰类的白化权函数值：

$$f_1^1(4.116) = 0 \quad f_1^2(4.116) = 0 \quad f_1^3(4.116) = 0.7535$$

采用同样的方法与步骤，将各地区每一指标现实值代入，确定这一分项指标对"差""良"及"优"三个等级的隶属函数式，并计算出隶属函数值，结果见表 4-5 ～表 4-7。

由公式可以计算出各省区"职业教育服务区域经济发展"系统协调发展状况关于灰类 $k(k=1,2,3)$ 的综合聚类系数 σ^k，同样以天津市为例。

$$\sigma_{TJ}^1 = \sum_j^{14} f_j^1(X_j) \cdot \eta_j = 0.1348 \quad \sigma_{TJ}^2 = \sum_j^{14} f_j^2(X_j) \cdot \eta_j = 0.4552 \quad \sigma_{TJ}^3$$

$$= \sum_j^{14} f_j^3(X_j) \cdot \eta_j = 0.5407$$

根据 $\max_{1 \leqslant k \leqslant 3}\{\sigma_{TJ}^k\} = 0.5407 = \sigma_{TJ}^3$，可以认为天津市"职业教育服务区域经济发展"系统协调发展状况属于"优"灰类。

按照同样步骤与计算方法可得全国各省区市综合聚类系数，其结果如表 4-8 所示。

表4-5 各省、自治区、直辖市分指标白化权函数取值($f_j^1(x)$)

地区	X_1	X_2	X_3	X_4	X_5	X_6	X_7	X_8	X_9	X_{10}	X_{11}	X_{12}	X_{13}	X_{14}
北京	0	0	0	0	0	0	0.56	0	0	0	0	0	0	0
天津	0	0	0.39	0.15	0	0	0	0.07	0.43	0.70	0	0	0	0.09
河北	0.58	0.62	0.17	0.84	0.83	0	0.08	0.94	0.78	0	0.72	0.76	0	0.99
山西	0.71	0.55	0.91	0.63	0.49	0.21	0.94	0.63	0.60	0.12	0.68	0.25	0.68	0.13
内蒙古	0.44	0.80	0.73	0.42	0.28	0	0	0.82	0.1	0.11	0.98	0.65	0.90	0.98
辽宁	0.36	0.20	0	0	0.22	0	0	0.82	0.26	0	0	0	0.72	0
吉林	0.63	0.29	0.24	0.20	0.07	0	0	0.62	0	0	1.00	0.41	0.89	0.09
黑龙江	0.16	0.33	0.18	0	0.84	0	0.98	0.43	0	0	0.73	0	0.63	0
上海	0	0	0	0	0	0	0.97	0	0.31	0	0	0	0	0
江苏	0.05	0.16	0	0	0.50	0	0	0	0.70	0	0.04	0	0	0
浙江	0	0.43	0	0	0	0	0	0	0	0	0	0.36	0	0.33
安徽	0.89	0.78	0.34	0.66	0	0.98	0.56	0.18	0.35	0	0.64	0.34	0.99	0.98
福建	0.38	0.57	0.84	0	0.12	0	0	0	0.70	0	0.11	0	0.92	0.48
江西	0.85	0.12	0.65	0.66	0.87	0.70	0.96	0.02	0	0.89	0	0	0.75	0.43

续表

地区	X_1	X_2	X_3	X_4	X_5	X_6	X_7	X_8	X_9	X_{10}	X_{11}	X_{12}	X_{13}	X_{14}
山东	0.28	0.44	0	0.62	0.99	0	0	0.24	0.65	0.79	0.73	0.02	0.35	0.21
河南	0.74	0.82	0	0.89	0.78	0.45	0	0.36	0.83	0	0.99	0.01	0.83	0.28
湖北	0.74	0	0	0.16	0	0.51	0.24	0.49	0	0	0	0.97	0	0.82
湖南	0.80	0.56	0	0.74	0	0.84	0.99	0.37	0.40	0.45	0.47	0.26	0.31	0.40
广东	0.07	0.78	0	0	0	0	0	0	0.91	0	0	0	0.91	0.50
广西	0.88	0.96	0.61	0.89	0.04	0.86	0	0.20	0.87	0.35	0	0.16	0.92	0.86
海南	0.77	0.78	0.09	0.76	0.01	0.68	0.80	0	0.89	0.61	0.85	0.39	0	0
四川	0.86	0.74	0	0.43	0.02	0.97	0.16	0.52	0.22	0	0.69	0.93	0	0.91
贵州	0.74	0.60	0.75	0.99	0.03	0.14	0.91	0.51	0.90	0	0.45	0.96	0.82	0
云南	0.93	0.67	0.99	0.23	0.19	0.83	0.95	0.75	0.78	0.31	0.81	0.27	0.63	0.92
陕西	0.79	0	0	0.04	0.63	0.64	0.56	0.45	0	0.24	0.21	0.93	0	0.65
甘肃	0.94	0.85	0.88	0.60	0.06	1.00	0.90	0.90	0	0.26	0.22	0.95	0.97	0
宁夏	0.81	0.93	0.22	0.36	0.05	0.70	0.64	0.16	0.69	0	0	0.63	0	0.92
新疆	0.67	0.88	0.78	0.71	0.70	0	0.83	0.94	0.70	0.73	0.15	0.90	0	0.87

表4-6　各省、自治区、直辖市分指标白化权函数取值($f_j^2(x)$)

地区	X_1	X_2	X_3	X_4	X_5	X_6	X_7	X_8	X_9	X_{10}	X_{11}	X_{12}	X_{13}	X_{14}
北京	0	0	0.01	0	0	0.22	0.80	0	0	0	0	0.33	0	0.16
天津	0	0	0.95	0.84	0.64	0	0	0.66	0	0.64	0	0.09	0	0.84
河北	0.80	0.71	0.93	0.41	0.50	0.79	0.73	0.47	0.10	0.47	0.61	0.57	0.89	0.39
山西	0.61	0.78	0.41	0.72	0.85	0.95	0	0	0.74	0.84	0.65	0.92	0.66	0.93
内蒙古	1.00	0.53	0.23	0.01	0.95	0.75	0	0.07	0	0	0.32	0.68	0.46	0.38
辽宁	0.91	0.86	0.80	0.65	0.89	0.60	0.47	0.56	0.90	0	0.77	0.67	0.62	0.25
吉林	0.71	0.95	0.96	0.87	0.74	0.79	0	0.70	0.65	0.44	0.33	0.92	0.47	0.85
黑龙江	0.75	1.00	0.93	0.74	0.49	0.85	0.10	0.84	0.57	0.49	0.60	0.15	0.70	0.27
上海	0	0	0	0	0	0	0	0.14	0.95	0	0	0	0	0.38
江苏	0.56	0.81	0.10	0.59	0.84	0.38	0	0.19	0.63	0	0.82	0.29	0.05	0.41
浙江	0.41	0.90	0.66	0	0.66	0.65	0.40	0.12	0.83	0	0.44	0.97	0.39	0.81
安徽	0.34	0.56	1.00	0.67	0.64	0.36	0.80	0.92	0.99	0.40	0.69	1.00	0.34	0.37
福建	0.93	0.76	0.49	0.60	0.79	0.75	0	0.23	0.63	0.51	0.86	0.17	0.16	0
江西	0.39	0.76	0.69	0.08	0.46	0.63	0.30	0.53	0.57	0.47	0.16	0.64	0.60	0.69

续表

地区	X_1	X_2	X_3	X_4	X_5	X_6	X_7	X_8	X_9	X_{10}	X_{11}	X_{12}	X_{13}	X_{14}
山东	0.81	0.89	0.64	0.73	0.34	0.60	0	0.98	0	0.13	0.60	0.68	0.94	0.95
河南	0.55	0.51	0.72	0.35	0	0.87	0.07	0.89	0.14	0	0.35	0.67	0.52	0.87
湖北	0.55	0.61	0.21	0.85	0.59	0.82	0.87	0.80	0	0	0.55	0.21	0.05	0.19
湖南	0.46	0.77	0.76	0.56	0.57	0.28	0.20	0.88	0.96	0.86	0.87	0.93	0.98	0.73
广东	0.58	0.56	0.56	0.18	0.30	0.42	0	0	0.22	0.44	0.72	0.55	0.45	0
广西	0.35	0.31	0.72	0.34	0.71	0.29	0.60	0.98	0.18	0.95	0.24	0.82	0.13	0.23
海南	0.51	0.55	0.02	0.53	0.67	0.65	0.50	0.22	0.42	0	0.48	0.95	0.01	0.41
四川	0.37	0.60	0.21	1.00	0.69	0.37	0.80	0.77	0.87	0.69	0.64	0.08	0.80	0.29
贵州	0.05	0.09	0.24	0.20	0.69	0.01	0	0	0.41	0	0	0.37	0	0.08
云南	0.26	0.13	0.33	0.89	0.86	0.28	0	0.61	0.54	0.99	0.52	0.93	0	0.31
陕西	0.48	0.58	0.58	0.79	0.70	0.69	0.80	0.83	0	0.94	0.93	0.07	0.60	0
甘肃	0.25	0.49	0.45	0.76	0.73	0.34	0	0.23	0.77	0.96	0	0.15	0.29	0.26
宁夏	0.46	0.41	0.06	0.96	0.72	0.63	0.70	0	0.64	0	0.58	0	0.01	0.30
新疆	0.67	0.45	0.25	0.61	0.63	0.72	0	0.31	0.03	0.61	0.89	0	0.41	0.24

表4-7 各省、自治区、直辖市分指标白化权函数取值（$f_j^3(x)$）

地区	X_1	X_2	X_3	X_4	X_5	X_6	X_7	X_8	X_9	X_{10}	X_{11}	X_{12}	X_{13}	X_{14}
北京	0.38	0.23	0.08	0.05	0.13	0.87	0.20	0.79	0.95	0.50	0.30	1.00	0.95	0.49
天津	0.75	0.38	0.17	0.46	0.69	0.27	0.92	0.68	0.27	0	0.76	0.93	0.95	0.49
河北	0.28	0.05	0.30	0.02	0	0.49	0.60	0	0	0.88	0	0	0.48	0
山西	0.16	0.12	0	0.15	0.18	0.27	0	0	0.11	0.48	0	0.41	0	0.40
内蒙古	0.40	0	0	0	0.38	0.54	0.22	0	0	0	0	0.01	0	0
辽宁	0.47	0.49	0.48	0.69	0.44	0.76	0.87	0	0.43	0.98	0.54	0.67	0	0.75
吉林	0.23	0.40	0.26	0.43	0.60	0.49	0.83	0	0.68	0.92	0	0.26	0	0.48
黑龙江	0.25	0.35	0.30	0.59	0	0.41	0	0.95	0.77	0.86	0	0.95	0	0.82
上海	0.09	0.79	0.97	0.48	0.75	0.32	0	0.97	0.39	0.91	0.09	0.91	0.95	0.95
江苏	0.75	0.53	0.29	0.76	0.17	0.97	0.85	0.94	0.03	0.95	0.47	0.99	0.96	0.92
浙江	0.87	0.25	0.68	0.41	0.68	0.69	0.93	0.47	0.51	0.18	0.95	0.31	0.89	0.01
安徽	0	0	0.20	0.13	0.69	0	0.20	1.00	0.35	0.96	0.02	0.33	0	0
福建	0.46	0.10	0	0.75	0.54	0.55	0.87	0.77	0.02	0.84	0.42	0.96	0	0
江西	0.03	0.58	0.03	0	0	0	0	0.34	0.76	0	0.88	0.70	0	0
山东	0.55	0.24	0.71	0.16	0	0.76	0.87	0	0	0	0	0.65	0.31	0.26

续表

地区	X_1	X_2	X_3	X_4	X_5	X_6	X_7	X_8	X_9	X_{10}	X_{11}	X_{12}	X_{13}	X_{14}
河南	0.13	0	0.59	0	0	0.12	0.93	0.12	0	1.00	0	0.66	0	0.11
湖北	0.13	0.72	0.51	0.45	0.74	0.08	0.47	0	0.48	0.87	0.81	0	0.96	0
湖南	0.08	0.11	0.54	0.08	0.77	0	0	0.10	0.30	0.15	0.15	0.41	0.37	0
广东	0.73	0	0.82	0.87	0.99	1.00	0.90	0.80	0	0.92	0.60	0.78	0	0
广西	0.01	0	0.04	0.00	0.63	0	0.73	0	0	0.25	0.92	0.51	0	0
海南	0.11	0	0	0.07	0.66	0	0	0.99	0.47	0	0	0.28	0.95	0.92
四川	0.02	0	0.52	0.28	0.65	0	0.53	0	0	0.65	0	0	0.56	0
贵州	0	0	0	0	0.64	0	0	0	0	0.83	0	0	0	0.24
云南	0	0	0	0.41	0.47	0	0	0	0	0.29	0	0.40	0	0
陕西	0.09	0.74	0.79	0.53	0.03	0	0.20	0	0.85	0.36	0.34	0	0.72	0
甘肃	0	0	0	0.17	0.61	0	0	0	0.56	0.34	0	0	0	0
宁夏	0.07	0	0	0.33	0.61	0	0.13	0	0.03	0.50	0.77	0	0.95	0.79
新疆	0.20	0	0	0.10	0	0.59	0	0	0	0	0.39	0	0.87	0

表4-8　各地区综合聚类系数及分类

地区	σ^1	σ^2	σ^3	类型	地区	σ^1	σ^2	σ^3	类型
北京	0.023	0.088	0.494	优	山东	0.379	0.619	0.327	良
天津	0.135	0.455	0.541	优	河南	0.526	0.495	0.214	差
河北	0.581	0.574	0.181	差	湖北	0.316	0.405	0.417	优
山西	0.529	0.680	0.172	良	湖南	0.463	0.710	0.209	良
内蒙古	0.552	0.390	0.103	差	广东	0.261	0.348	0.543	优
辽宁	0.171	0.648	0.542	良	广西	0.605	0.438	0.185	差
吉林	0.319	0.702	0.387	良	海南	0.468	0.426	0.301	差
黑龙江	0.297	0.599	0.422	良	四川	0.499	0.563	0.240	良
上海	0.071	0.188	0.605	优	贵州	0.557	0.161	0.106	差
江苏	0.115	0.434	0.664	优	云南	0.691	0.469	0.101	差
浙江	0.086	0.543	0.562	优	陕西	0.369	0.503	0.339	良
安徽	0.594	0.639	0.201	良	甘肃	0.551	0.408	0.223	差
福建	0.340	0.493	0.395	良	宁夏	0.480	0.408	0.222	差
江西	0.473	0.499	0.260	良	新疆	0.638	0.410	0.148	差

（一）"优"

"职业教育服务区域经济发展"系统协调发展状况属于"优"的地区主要有北京、天津、上海、江苏、浙江、湖北和广东。除湖北省外，以上地区均为东部地区。在上述地区中 σ^3 最高的地区为江苏省，说明该地区"职业教育服务区域经济发展"系统协调发展能力最强。其中，浙江省

$\sigma_{ZJ}^3 = 0.562$，湖北省 $\sigma_{HB}^3 = 0.417$ 分别与 $\sigma_{ZJ}^2 = 0.543$ 和 $\sigma_{HB}^2 = 0.405$ 比较接近，说明这两个地区"职业教育服务区域经济发展"系统协调发展能力刚刚迈入"优"的行列。对于浙江省来说，应从每万人口中大学生数 X_2、高等教育经费投入占 GDP 比重 X_9、经济子系统协调度 X_{11} 和"职业教育服务区域经济发展"系统协调度 X_{14} 这几个指标入手，保持并不断提升该地区"职业教育服务区域经济发展"系统协调发展能力。浙江省应挖掘现有经济资源优势，加大对高等教育的扶持力度，适当扩大高等教育规模，不断增加高等教育投入，并采取积极措施提高经济子系统效率，进一步促进高等教育与经济协调发展。而对于湖北省来说，增加人均 GDP、增加生均教育经费、加快 GDP 增长速度、降低能耗、提高经济子系统，以及"职业教育服务区域经济发展"系统协调度是该地区努力的重要方面。当前湖北省高等教育发展明显超前于经济发展，因此发挥高等教育对经济增长的促进作用，提高人才培养质量，加强高校科研成果转化，改善经济子系统效率对促进"职业教育服务区域经济发展"系统协调发展具有积极意义。

（二）"良"

"职业教育服务区域经济发展"系统协调发展状况属于"良"的地区主要有山西、辽宁、吉林、黑龙江、安徽、福建、江西、山东、湖南、四川和陕西。上述地区中中部地区占据多数。其中，辽宁省 $\sigma_{LN}^2 = 0.648$、黑龙江省 $\sigma_{HLJ}^2 = 0.599$ 分别与 $\sigma_{LN}^3 = 0.542$、$\sigma_{HLJ}^3 = 0.422$ 较接近，说明这两个地区"职业教育服务区域经济发展"系统协调发展状况已经由"良"逐步向"优"迈进。由表 5-8 可以看出，影响辽宁"职业教育服务区域经济发展"系统协调发展的症结是产值能耗 X_8 和高等教育子系统协调度 X_{13} 两个指标，辽宁省产值能耗为 1.775 吨标准煤/万元，在全国位居第八，比全国平均水平高出 13 个百分点。在未来一定时期内，冶金、石油化工、装备制造等行业仍将是辽宁经济发展的支柱产业，能源消耗会进一步增加，节能、降耗以及开发利用高效、环保的新能源是缓解经济发展与能源制约双重矛盾的必由之路。此外，该地区高等院校科研人员数量存在冗余，因此应适当减少科研人员投入，提高科技成果产出能力，进而提高辽宁省高等教育子系统的协调度。而相应地，影响黑龙江省的主要指标为第三产业产值占 GDP 比重 X_5、GDP 增长率 X_7 以及高等教育对经济增长贡献值 X_{11}。黑龙江省是传统的农业大省和老工业基地，产业结构较低，应着眼于产业结构调整与优化，稳定发展第一产业，调整提升第二产业，加快第三产业发展步伐，突出发展旅游业，特别是加快培育和发展现代物流、信息咨询、金融保险、房地产和中介服务等现代服务业。同时高等院校应进一步发挥学科、人才、科技资源等优势，面向黑龙江省老工业基地振兴，调整人才培养模式，开展高水平研究和针对性较强的技术攻关和技术创新，为该地区及国家经济建设和社会发展做出更大的贡献。

（三）"差"

"职业教育服务区域经济发展"系统协调发展状况属于"差"的地区主要有河北、内蒙古、河南、广西、海南、贵州、云南、甘肃、宁夏和新疆，上述地区中除河北、河南和海南外，均为西部地区。其中，河北 $\sigma_{\text{HEB}}^{1}=0.581$、河南 $\sigma_{\text{HEN}}^{1}=0.526$、海南 $\sigma_{\text{HAN}}^{1}=0.468$ 分别与 $\sigma_{\text{HEB}}^{2}=0.574$、$\sigma_{\text{HEN}}^{2}=0.495$、$\sigma_{\text{HAN}}^{2}=0.426$ 较接近，说明这三个地区"职业教育服务区域经济发展"系统协调发展状况逐步将由"差"上升为"中"。在所有地区当中，协调发展状况最差的地区为云南，其次为新疆和广西。

第五章　职业教育和区域经济协同发展的立体机制与策略

第一节　协同发展的基本内涵及其创新方式

一、协同发展的基本内涵

著名物理学家哈肯认为，协同是指构成系统的各个要素通过协调合作，达到系统整体功能大于各个要素功能之和的一种系统结构状态。它既反映了系统发展的协调合作过程，又反映了系统通过这一过程所达到的结构状态优化的结果。协同普遍存在于一切领域中，也是一切系统演化的必然发展趋势。也可以说，协同是指系统中子系统（要素）间在操作、运行过程中的相互匹配，形成协调、合作之势，发生不同于原状态的质变，但这时的协同又区别于合作、协作和协调。合作强调目标的共同达成，是人们为了达到共同目的彼此配合的一种联合行动，适用于社会关系中的人或各种群体之间，而协同则强调产生的程度和结果❶。

协同发展是指系统内各组成部分多层次、宽领域地相互支持和深度合作，通过相互协作，各组成部分间属性互相增强，朝着共同目标发展，以弥补短板、释放潜能，从而推动协作整体共同前进、共同发展，达到整体加强、各个获益的协同结果。协调发展是一种强调整体性、综合性和内生性的聚合发展，它不注重系统单个要素的增长，而是更强调系统多个要素在和谐一致、良性循环的基础上的综合发展。这里的"发展"是系统运动

---

❶ 胡丽霞：《区域经济与职业教育发展研究》，北京：中国经济出版社，2016年，第170～177页。

的方向，"协调"则是系统对这种行为趋势的有效约束和规定。

区域发展一般要经历三个阶段，即不平衡发展阶段、非均衡协调发展阶段、协同发展阶段。

其中，协同发展与协调发展是两个不同层次上的概念，它们既有区别又有联系。其区别表现在：

（1）协调发展强调的是系统运动发展变化的过程、状态和结果；而协同发展更强调的是这些过程、状态和结果得以产生的内在根据，以及这些内在根据发挥作用的条件，从而创造有利条件，促使这些过程、状态和结果尽早产生。

（2）在系统运动发展变化中，协调发展突出强调相同层次内在要素之间差距的缩小；而协同发展突出强调系统内部各个要素之间，以及不同系统之间的竞争与合作，强调对系统旧结构状态的扬弃，以及对新结构状态的期待。

（3）协调发展往往强调在系统目标确立之后，各个要素对这一目标的服从和贡献；而协同发展则强调在实现系统目标的过程中，系统与要素、要素与要素的共赢和互惠。

（4）协调发展强调要素之间的同一；而协同发展更强调这种同一来自要素之间的斗争，强调斗争与同一将产生协同效应的结果。

协同发展与协调发展的联系表现在：

（1）协同发展与协调发展都是反映系统运动发展变化规律的。

（2）协调发展的内在根源和动力固有地存在于系统内部，是系统协同发展的必然要求；协调是系统协同效果的一种表现，协调由协同决定，没有协同就不可能有协调。

二、协同创新的方式

区域协同创新多种多样，所以区域协同创新方式也是多种多样的。按照不同的划分标准，区域协同则有不同的创新方式（见表5-1）。

表5-1 区域协同创新的方式

序号	划分标准	类型
1	按照区域创新发展的实际需要划分	点对点协同方式
		点对链协同方式
		网络协同方式

序号	划分标准	类型
2	按照创新过程中不同主体发挥作用的大小划分	政府主导的协同创新
		企业主导的协同创新
		院校和科研院所主导的协同创新
		以中介机构为纽带的产学研一体协同创新
3	按照创新主体交流方式不同划分	以合同形式确定的协同创新
		以项目合作为主的协同创新
		以基地合作为主的协同创新

（一）按照区域创新发展的实际需要划分

1.点对点协同方式

点对点协同方式是指创新主体间形成的一对一的协同活动，如企业与院所之间的协同、企业与政府之间的协同、政府与院所之间的协同。这种方式的特点是协同关系较为简单，协同目标较为一致，协同效应仅限于协同双方。这种协同方式多适用于非关键性的技术创新。

2.点对链协同方式

点对链协同方式是指一个企业与多个院所之间的协同创新，多由具有较强经济实力的企业发起，利用多院所的技术支持实现产品的升级和取得竞争优势；或者是一个院所与多个企业间的协同创新，多是院所利用企业的市场优势实现技术成果的市场化；或者是一个政府部门与多家企业间的协同创新，多是为了区域某个产业的发展；或者是一个政府部门与多个院所之间的协同创新，多是为了某项重大基础研究或公共共享技术的开发；或者是一个企业或院所与多个政府部门间的协同创新，多是政府支持某个产业的发展或技术开发活动。

3.网络协同方式

网络协同方式是指多个政府部门、企业、高校科研院所等组织一起从事创新活动。这是现实经济中最常见的协同方式。这种方式的目标较难统一，主体间的关系较为复杂，管理难度较大。

（二）按照创新过程中不同主体发挥作用的大小划分

1.政府主导的协同创新

政府主导的协同创新是指政府在突破性创新方面扮演领导者的角色。突破性创新是指能对经济中各个部门都产生影响的新产品或新工艺，它能够带来新一轮的经济增长。在此方面，政府为创新提供资金、创造条件、建立知识库，从事创新风险最大、最不确定的早期研究，设想创新成果的最佳应用领域，发明创新成果实现商业化的途径。在区域协同创新中，各跨行政区域政府通过政策或战略协同，实现知识在高校、科研机构和企业间流动，实现知识在跨行政区域中的优化配置，实现知识的共享。各行政区域政府通过产业、税收、金融等政策鼓励企业将知识应用到具体的生产实践中，推动区域经济的发展。

2. 企业主导的协同创新

企业明确其目标产品市场，并确定增强自身竞争力的技术后，便制定创新战略；企业着力于原有技术的改进时，会整合资源，以便使生产资源转变成消费品，此时企业作为产品创新的核心，掌控产品的设计、生产和销售等环节，院所和中心机构为企业创新提供技术支持和技术服务，政府为企业创新提供良好的环境和政策支持。

3. 院校和科研院所主导的协同创新

科学和技术知识的生产是创新过程最基本、最重要的环节。院校从事基础研究，如果有某个新发现，那么一旦企业认识到其实用价值，就会主动和院校合作，以期未来创造更大的价值。

4. 以中介机构为纽带的产学研一体协同创新

对于复杂的产品创新，创新主体主要借助中介机构搭建的平台，实现资源共享、写作分工，使主体创新顺利进行。

（三）按照创新主体交流方式不同划分

1. 以合同形式确定的协同创新

企业或政府为了实现某项创新，通过与高校、科研院所签订合同的方式明确各方的权、责、利，以保证创新的顺利进行。

2. 以项目合作为主的协同创新

企业或政府为了实现某个重大项目或重大产品创新，联合其他企业、高校、科研院所和中介机构共同出资金、人力、知识、技术，进行研究与开发，从而实现创新资源的互补和创新成果的共享。

3. 以基地合作为主的协同创新

以基地合作为主的协同创新是政府、企业、高校、科研院所和中介机构联合建立技术创新基地，使创新主体发挥各自的优势，从事基础研究、应用研究和技术创新的一种组织形式。

此外，高度集约化的产学研协同创新可采用管理协同、战略协同和业务协同等方式。

第二节　构建协同发展机制的要素及其功能

《国家中长期教育改革和发展规划纲要（2010—2020 年）》明确指出，发展职业教育是推动经济发展、促进就业、改善民生、解决"三农"问题的重要途径，是缓解劳动力供求结构矛盾的关键环节，必须摆在更加突出的位置；实行工学结合、校企合作、顶岗实习的人才培养模式；建立健全政府主导、行业指导、企业参与的办学机制，制定促进校企合作办学法规，推进校企合作制度化。《国家中长期教育改革和发展规划纲要（2010—2020 年）》确立了近十年我国职业教育发展的重点工作，并用制度的形式明确了校企合作的重要性。同时，我们也可以看出，在我国区域职业教育协同发展的过程中，主要参与要素包括作为主导者的政府、作为指导者的行业组织、作为主要参与者的企业以及作为主体的职业院校。

一、政府制定政策法规，进行宏观调控

（一）制定政策法规，提供制度保障

为了实现高职教育和区域经济协调发展的目标，政府应当根据本省的高职教育和区域经济发展现状，做出科学的判断，围绕发展目标制定切实可行的政策法规，为二者的协调发展提高有力的制度保障。政府在制定政策法规时应兼顾三方面要求：①具有针对性是最基本的要求。政府所制定的政策法规一定要针对当前本省高职教育和区域经济的发展状况，为达到协调发展的目的对职业院校和区域经济实体制定政策和法规；②要具有可操作性。政府制定的政策和法规在促进高职教育和区域经济协调发展的过程中不能只是一纸空文，一定是能够实际操作的，是付诸实践的法律依据。③要具有具体性和微观性。关于促进职业教育和区域经济协调发展的规定在全国职业教育会议上曾经多次被提出，但一直未能以法律的形式予以颁布，并且，这些规定都不够细致和具体，大多是一些笼统的要求，对于不按要求执行的行为，并没有给出相应的惩罚条例，所以在执行过程中，难以取得较好的成效。比如，目前校企合作教育持续发展的动力不足，与我

国缺乏可操作性的政策法规有直接关系，因此，政府需要制定推进校企合作教育的政策法规：一是政府投入适当经费，加强校企合作教育研究；二是借鉴国外的经验，制定相关政策法规，明确规定企业有为教育服务的责任和义务，同时充分考虑企业的经济利益，对承担校企合作教育任务的企业，可根据接收学生的数量和消耗企业资源的费用，享受一定的减免税额和其他优惠政策；三是对高职院校校企合作、产学结合教育做出明确的规定，给予校企合作教育专项经费，为校企合作提供全方位的支持。

（二）采取有效措施，加强宏观调控

（1）政府可以通过调整社会经济发展目标、宏观经济政策和产业政策，增加或减少总需求，从而在客观上间接地影响劳动力市场对有关人才的需求，进而对整个高职教育系统的运行产生影响。例如，当政府希望加快发展某一产业，如基础设施、农业、电子信息、生物产业等行业时，通过引进外资和增加政府在这些领域的投入等政策，扩大这些领域的生产规模，就会相应地增加对这类人才的需求。这些新的需求与就业机会使人们产生相应的预期收益，从而刺激对相关专业领域教育的需求。

（2）政府可以通过财政杠杆和税收政策调节高职教育系统的运行。为了解决由于劳动力市场调节滞后所造成的某些类型、专业人才短缺的问题，政府可以通过加大对相关专业领域人才培养的投资力度来增加这类人才的供给。政府也可以通过调整高职教育的投资力度，或通过拨款政策来影响人们接受高职教育而支付的直接成本，如学费和生活费等，从而影响个人的高职教育收益率，进而影响高职教育的需求总量和需求结构。

（3）政府可以通过制定适当的劳动、教育、就业、人事、工资等方面的政策来调节高职教育系统的运行。这些政策影响人们对接受高等教育的预期收益，也对居民个人和家庭的经济收入产生直接影响，从而影响居民对高等教育有支付能力的需求。比如，近年来国家为发展职业教育进行巨额拨款，对就读职业教育的学生进行的资助等，促进了职业教育的发展。

（4）政府可以通过信息服务对职业教育系统的运行进行调节。例如，政府建立起完备的信息网络，提供有关方面充分的信息资源，包括职业院校毕业生的数量、层次、专业、收费、供求和就业等综合信息。这样既可以增加职业教育的透明度，也可以增加劳动力市场的透明度，促使求学者对职业教育的选择更加理性，更加符合区域经济发展的客观需要，从而更好地调控职业教育的规模和结构。

（三）完善投入方式，加强经费保障

教育事业是公益事业，其发展离不开政府的投入。《国家中长期教育改革和发展规划纲要（2010—2020年）》明确规定了"教育投入是支撑国家长远发展的基础性、战略性投资，是教育事业的物质基础，是公共财政的重要职能。要健全以政府投入为主、多渠道筹集教育经费的体制，大幅度增加教育投入"。目前，虽然政府投入还是我国职业教育的重要组成部分，但是教育投入多元化已经成为职业教育投入的主要趋势。教育部对2019年全国教育经费相关情况进行了统计：2019年，全国教育经费总投入为50175亿元，比上年增长8.74%。其中，全国高等教育经费总投入为13464亿元，比上年增长11.99%；普通高职高专教育经费总投入为2402亿元，比上年增长11.25%。教育部等九部委联合印发《职业教育提质培优行动计划（2020—2023年）》（简称《行动计划》），《行动计划》规划设计了10项任务、27条举措，进一步推进职业教育协调发展，深化职业教育产教融合、校企合作，实施职业教育治理能力提升行动，其中有1条是要增加教育投入，通过高地建设、双高计划、提质培优行动计划，带动几千亿地方经费和社会资本。这意味着增加职业教育经费投入还有很大的空间。国家层面要制定职业教育的经费投入标准，建立经费投入保障以及经费使用监督机制。地方政府层面要严格执行国家经费投入相关制度，并针对本地区情况制定相关保障配套制度，保证创办职业学校和职业培训机构的财政性经费逐步增长。

二、鼓励企业积极参与，发挥自身功能

《国家中长期教育改革和发展规划纲要（2010—2020年）》明确提出："鼓励行业组织、企业举办职业学校，鼓励委托职业学校进行职工培训。制定优惠政策，鼓励企业接收学生实习实训和教师实践，鼓励企业加大对职业教育的投入。"从文件精神可以看出，企业既是人才资源的使用者，又是职业教育的参与者，还可能是职业教育的投资者，企业参与是职业教育快速发展的重要因素。

（一）使用人力资源

企业从职业教育获取人力资源主要体现在三个方面：一是通过录用职业院校培养的毕业生，为企业生产一线补充技术技能型人才；二是利用职业院校的教学资源，开展员工继续教育培训，实现企业员工的知识更新和

技术技能的提升，使员工更适应技术的进步和社会的发展；三是利用学校专家学者的智力资源，通过与学校开展技术合作，进行企业的科技研发和技术改造，软性使用职业院校的智力资源。企业应在区域范围内积极选拔和培养人才，以满足企业在区域范围内扩张、提升和发展的需要。

（二）参与人才培养

企业不仅是人力资源的使用者，而且应该是人力资源的培养者。企业通过与学校合作，针对职业岗位需求和能力特点，确定学生的知识、能力和素质结构，确定培养的目标和方向，进行专业设置，开发课程；校企合作共同构建以综合素质为基础、以职业能力为主线的职业教育课程体系，使学校培养的学生更符合企业的需要；企业通过选派工程技术人员、管理人员和能工巧匠到学校担任兼职教师，选派专家到学校举办专题讲座，将企业生产、经营、管理及技术操作等方面的知识融入教学内容，增强教学的实践性，只有教学与工作实际紧密结合，才能培养出更符合企业需要的人才；企业接收职业院校的学生到企业顶岗实习，可以提高人才培养与企业需求的吻合度；企业接收专业教师来企业实践锻炼，可以提高教师的技术运用能力，丰富其实践经验，帮助其了解企业、掌握企业最新发展动态，确保专业教师的教学不脱离企业实际。

（三）开展教育投资

职业教育的多元化投资模式已经逐渐形成，企业投资是其中的重要环节。企业投资职业教育，资金风险较小，同时能为企业节约培训成本，甚至是生产成本。首先，企业投资职业教育，可以通过订单培养的形式，节约职工和准备录用员工的培训费用。《教育部国家经济贸易委员会劳动和社会保障部关于进一步发挥行业、企业在职业教育和培训中作用的意见》明确提出："各类企业要按《中华人民共和国职业教育法》的规定承担实施职业教育和职工培训的费用。一般企业要按照职工工资总额的1.5%足额提取职工教育培训经费。从业人员技术素质要求高、培训任务重、经济效益较好的企业，可按2.5%提取，列入成本开支。"其次，企业可以通过参股、合资或独资的方式投资职业教育，主要用于以实训基地建设为主的教学条件建设，或者直接利用企业车间、基地等为学校的实训提供服务，通过共同培养或外包生产加工的形式，有效地降低生产成本。最后，企业还可以通过捐赠的方式投入职业教育，这也是经济发达国普遍采用的一种方式。

三、改进学校培养模式，提高培养质量

（一）制定人才培养的"订单"

由于企业的人才来源渠道过于狭窄和在人才的选、育、用、留四个环节上的失衡以及高职培养出来的人才不能满足企业发展需要等，人才紧缺已成为制约区域经济产业发展的关键因素，应引起行业企业和职业院校的高度重视。正确认识当前形势，提高认识，重视人才，既要加强行业内部人才培养，更应注重从职业院校引进优秀专家教师和适合岗位需求的毕业生。人才是企业的生命线和灵魂，是远比产品质量更重要的价值源泉，没有人才就没有一切。企业的人才来源主要有企业内部培养和高校培养两种途径。企业最初主要依靠从社会和高校引进人才，但随着公司的发展、完善，应当重视企业内部的人才培养，对本公司的员工进行教育、培训、考核，最终使其成为满足企业需要的实用人才。公司内部人员对公司文化、产品、市场、人员等情况较为熟悉，更容易融入公司环境，并可以节约培养成本。职业院校是企业的重要人才来源，职业教育的特色体现在产学研办学模式、工学结合模式上。另外，很多企业的行业性质决定了它与职业教育存在密不可分的关系。目前，企业急需的三类人才是技术研发人才、复合型人才和技能型人才，除技术研发人才之外，后两类人才都能够依靠职业院校培养。复合型人才，尤其是技能型人才是我国职业教育的培养目标，因此，职业院校是企业紧缺人才的重要来源。职业院校每年都向社会输送大批毕业生，这些毕业生在校期间不仅掌握了一定的专业理论知识，而且有丰富的实践、实训经验，他们能够很快适应工作岗位的环境，稍加培训即可胜任岗位工作。企业应该尽力引进并留住这些人才，为员工创造舒适的工作环境和提供可观的工资待遇、住房和晋升机会等。

（二）引进企业专家能手，培育职业技能型人才

职业院校一定要采取"走出去、引进来"的战略，培养行业企业紧缺的技能型人才。近年来，区域工业企业发展迅速，发展势态良好，但是也出现了产业结构不合理导致企业集团竞争优势不明显、产品结构欠佳、自主研发能力薄弱和部分与整体发展不同步等结构性问题。针对这些问题，行业企业和职业院校要共同努力，进行必要的结构调整，更好地促进区域经济的发展，最终实现职业教育与区域经济协调发展的总体目标。一方面职业院校与企业应共同研究企业发展战略。区域经济的发展水平直接影响

职业教育的健康发展，因此，在一些产业结构调整过程中，职业院校担有重要责任。职业院校的专家和领导应积极参与到企业产业结构调整的工作中去，为产业结构调整提供可行性论证和建议，企业与职业院校应根据共同的目标，承担其各自的责任和义务，共同研究制定企业发展战略；另一方面职业院校专家教师应通过科研项目与行业内专家合作。针对产业结构调整问题，职业院校专家可以深入企业内部，了解实际情况，结合现状分析存在的问题，与企业管理者一起开展项目研究。职业院校的专业教师大都具有扎实的理论知识，且对专业领域内的产业情况深有研究，他们还可以与其他院校的专家进行项目合作，通过人员和信息资源的共享，达到校企共同发展的目的。

（三）积极转变教育观念，以利益机制驱动校企合作

1. 职业院校应创新观念，主动与企业合作培养人才

职业院校和企业关于人才培养的合作过程是一个双向的、互惠共赢的项目工程，双方在此过程中应履行相应的责任和义务，共同努力推动人才培养工程的顺利进行。企业应不断更新观念，提高认识，把学校作为人才培养的重要基地，并为人才培养提供必要的基地、岗位、人力、经费等支持。职业院校欲达到把学生培养成适应区域经济发展的技能型人才的目的，就必须突破传统教学观念，确立以能力为本位，突出实践教学、技能培养、学生主体的教学观念，走校企合作路线。例如，天津交通职业学院与丰田公司联合办学，建立"丰田班"，由丰田公司提供相应的教学设备、教学模式、技术资料和师资培训，为天津地区的丰田汽车经销店培养技术人才。一些院校摒弃了通常通过专业公司购买整套仪器设备的做法，选择与相关企业和专业公司紧密合作，让教师全过程参与实训中心的建设，承担部分实训设备的开发和研制，力图使所建实训中心贴近企业生产实际。在具体操作上，职业院校可采取公开招投标的方法，将项目建设思路、总体目标、合作伙伴资质要求上网发布，寻求合作单位。然后根据应标单位对实训装置项目提出的技术方案、创新点、资质、能力等进行评定，确定出各项目的最终合作单位。在此过程中，教师、学生全程参与设备的选型、制作、购置、安装、调试等，共同编制实训装置的指导书，既提高了教师的研发能力和工程设计能力，也使学生获得了宝贵的接触实践、提升能力的机会。

2. 职业院校应与企业建立利益共赢机制

校企双方以项目为载体推进合作，实现互利共赢，这是职业院校和企

业的共同利益所在。职业院校应根据企业用人需要适时调整实践教学计划，利用节假日安排学生去企业顶岗实习：一是解决企业人力资源紧张的燃眉之急（繁忙的业务更能培养学生的职业情感和职业能力）；二是适应企业生产流程需要，实行弹性学制。现代化流水线生产是连续不间断的，学生顶岗操作客观存在一个由不熟练到熟练的过程，如果学生顶岗操作时间过短，学生熟练了就走，只能给企业带来麻烦而不能带来利益；反之，将为企业带来效益。职业院校应为企业提供智力支持，如帮助企业培训员工和中层干部，对员工进行职业技能轮训与鉴定，接受企业委托的项目研究与开发，和企业一起进行产品开发和营销策划等。职业院校毕业生应优先让合作企业选择，进入毕业实习阶段的学生根据企业需要和自身意愿，直接签订就业协议。企业和职业院校在合作中均获得了利益，必然强化长期合作的动机。

第三节　职业教育和区域经济协同发展机制

一、互惠共赢的动力机制

动力机制是推动系统运动、变化、发展的内外部力量的作用方式，是使系统诸要素、部分、环节在互动中形成整体良性运行的结构和功能。这种动力机制是使推动系统前进的力量得以激发、发挥作用和协调的机制，动力机制的稳定存在和发挥作用，可以使系统的整体运行从自发走向自觉、从被动走向主动。动力机制是从组织整体的视角，设计一套机制组合，用以引导、激励、约束、控制组织行为，形成指向组织目标的整体合力。

区域职业教育协同发展的动力机制是内部利益驱动力和外部推力的共同作用力。外部推力是指政府及有关部门以优化区域经济和职业教育共同发展的市场需求为导向，以实现所在区域经济社会发展为目标，为区域协同创新制定发展规划和政策法规，加大创新的资金投入力度，以税收优惠政策、各种奖励政策为主导，协调和推动协同创新的顺利进行，它是区域协同创新的控制力因素；内部利益驱动力是指作为区域内的职业院校有追求进步发展的内在动力，不断提升职业教育质量，培养更加符合社会经济需求的人才，从而在竞争中取得优势，而区域内的企业在转型升级过程中也急需大量符合产业发展需要的人才。

美国学者马克·施瓦茨在研究动力机理的过程中提出了三动力模型，即企业之所以承担社会责任（corporate social responsi-bility），是因为有三个方面的动力——经济动力、制度动力和道德动力，并以三维图的形式来表示该模型，简称 CSR 动力模型，如图 5-1 所示。

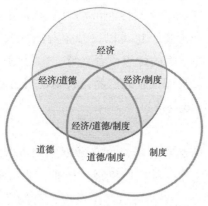

图 5-1　CSR 动力模型

在图 5-1 中，经济动力、制度动力和道德动力分别以 3 个圆表示，由 3 个圆相交而产生 7 个区域：经济、制度、道德、经济 / 制度、经济 / 道德、道德 / 制度、经济 / 道德 / 制度。中间的状态是理想状态。

（一）经济动力

区域内的"子单元"分别属于不同的组织单位，这些组织单位有各自不同的利益诉求和管理部门，所以在各自的领域独立发展，发挥各自的作用。每个"子单元"中的参与要素包括政府、行业、组织、企业、职业院校，分别有自己的隶属部门，也分别在自己的独立领域发挥作用。区域职业教育协同发展过程就是要使不同"子单元"中的政府、行业、企业、职业院校通过不同创新的组织形式联合起来，创造 1+1>2 的效果，每一个参与者都可以获利，如政府有更好的发展空间和公众认可，行业有更多的话语权，企业有更优秀的人才，学校有更广泛的社会影响。其中，我们以企业为例进行说明。企业是追求利润最大化的经济实体，获得利润是保证企业生存下去的首要条件，也是企业经营战略的重要依据。如果没有经济动力作用，那么指望企业主动承担教育责任是不现实的。在区域职业教育协同发展中，企业获得的经济动力主要表现在两个方面：直接经济动力和间接经济动力。从直接经济动力来看，企业可以在区域范围内获得更多、更优质的劳动力资源，直接提升企业的经营和管理效应。同时企业积极参与职业教育活动、履行教育责任所带来的直接收益还包括劳动力交易成本的大幅降低。因为企业通过参与职业教育可以获得高素质、与企业文化和岗位需求相匹配的技能人才，直接提高企业生产效益以及员工对企业的忠诚度和认同度，此外，还有职业教育投资增值效益。企业根据自身优势，投资职业教育领域，可以通过多元化投资获利。从间接经济动力来看，企业履行职业教育责任既可以树立良好的社会形象，也可以提升企业的社会知名度，还可以获得国家税收、财政补贴等方面的优惠或者支持。"当企业行为受到消费者的肯定，那么消费者将愿意购买企业的产品，否则消费者就将抵制购买。"企业形象会直接影响其经济效益。

（二）制度动力

制度动力是指职业教育各参与方必须遵循制度要求的动力。如果将区域职业教育协同发展比作一种反应机制，行业企业、职业院校都是反应体，反应体需要在一定的介质中才可以产生反应，有的还需要催化剂。政府是区域职业教育协同发展的长效催化剂。英国比较教育学者埃德蒙·金认为："在有效执行职业教育与培训规定时，社会合作者之间的合作重要才是根本……当国家规定了其他合作者的角色时，建立在社会合作关系的原则基础上的体系才能运转起来。"政府作为国家组织的具体形式，承担着调整社会成员之间相互关系的职责。特别是在我国自上而下的管理体制中，政府管理的有效性绝对高于任何社会组织。政府作为职业教育及其相关制度的主要制定者，作为职业教育机构的主要设立者，作为社会新闻媒体的主要引导者，在推进区域职业教育协同发展的过程中所起的主导作用是不容置疑的。因而，政府积极制定各项法律法规和制度，是促使区域职业教育协同发展不可或缺的一个重要动力因素。

（三）道德动力

道德作为一种普遍的社会规范，时时刻刻约束着人们的行为。道德规范的建构和控制包括两种内涵：一是道德行为的限制；二是道德行为的教化和内趋。对道德发挥内在教化影响的机制性力量主要包括教育、传媒、家庭和社会环境。促进区域职业教育协同发展，各个方面的参与者包括政府、行业、企业、职业院校等，它们都有不断促进我国教育改革和发展、努力提升教育培养人才质量的重要责任和使命。这是从道德层面促进和激励参与各方的一种动力。

二、灵活有效的管理运行机制

（一）管理机制

有效的管理机制是保障合作顺利开展和运行的重要环节。在区域职业教育协同发展过程中，行业管理部门要充分发挥统筹职能，对区域内本行业的职业教育协同发展进行合理规划，使区域内企业用人的需求和使用更加具有流动性和跨区域性，使校企合作对象的选择、产教结合项目的设置更加科学合理；要建立职业教育协同发展的评价机制，制定严格的协同发展规范条例和有关法规，细化评价合作成效的指标体系，及时检验与评估协同发展的执行情况；要建立相应的监督举报制度，对严重违背协同发展宗旨的行为予以惩罚，并根据产业发展的特点和趋势，对协同发展合作项目的设置进行指导，为协同发展项目的实施提供便利和保障。

（二）激励机制

激励机制就是要在实现职业教育协同发展的过程中，通过建立和健全教学、人事、财务等方面的科学管理制度，引入合理的竞争机制，在人员、分配、管理职责、义务等方面制定一系列考核、评估和监督的保障制度，建立起相应的奖励和处罚制度，奖励表现突出和有重大贡献者，处罚违反规定、不利于推动区域协同发展的行为，做到考核准确、赏罚分明、优胜劣汰，从而使参与各方及其参与人员共同致力于教育目标的达成。

（三）协调机制

协调机制主要解决协同发展过程中出现的矛盾和偏差，及时纠正各方的责、权、利以及工作方式等问题，保证合作目标顺利高效达成。协调机制的优劣关系到区域内"子区域"之间职业院校的合作能否顺利达成，职业院校与行业企业的合作能否顺利进行以及是否长效等问题。协调机制既能找到合作各方利益的结合点，又能平衡各方利益，达成合作各方的共同目标——效益的最大化。外部的协调机制主要由政府和市场来完成，内部的协调机制主要由合作各方组织管理结构根据合作协议、章程以及有关法律法规来完成。

（四）创新机制

要推进区域职业教育协同的深层次发展，拓宽合作的渠道，就需要区域之间、职业院校之间、职业院校与企业及行业之间开展形式多样、灵活开放和全方位的合作，积极探讨有效的创新合作模式，并形成长期、稳定的合作关系，提高参与各方的积极性，促使合作在人才培养中发挥最大效益。针对以前合作模式的不足，我国政府、企业、行业、学校应转变观念、大胆创新，探讨更有效的、多形式、多层次和多方位的区域合作、校校合作、校企合作模式，通过市场经济体制及机制来保障不同区域学校和企业的合法权益，从而激发学校和企业推进协同发展的积极性。

三、科学完善的评价保障机制

不同区域职业院校之间、职业院校与企业之间能否合作，取决于双方利益平衡点的寻找和把握；而能否使合作长久，则取决于在合作过程中各方探索建立的保障机制。保障机制是监控、保证区域职业教育协同发展长期稳定开展的机制，它使参与各方在宏观上受到国家强有力的法律、法规和政策约束，而严格规范合作各方行为；在微观上明晰各方责、权、利，使合作有章可循、有据可依。

（一）评价机制

评价机制就是建立明确的人才培养质量标准，形成区域职业教育协同发展的准则。评价是保证区域合作、产学合作、高质量培养人才的重要环节，既是对协同发展是否达标的认定，也是对协同发展工作进行科学的引导。因此，要构建一套合理科学的评价机制，一方面要对协同发展中各主要参与者的分工是否合理，措施是否得力，效果是否明显进行评价；另一方面也要对所培养的人才是否为区域产业发展所需建立质量评价体系。评价机制主要是考核、评价教育实施过程、实施成效、人才培养质量等。

（二）保障机制

区域职业教育协同发展各参与方因为隶属于不同的组织单元，对合作中各项政策风险和资金风险的担忧尤为突出。政府要出台相关政策法规，规定区域职业教育协同发展的许可范畴和政策界限，如设立职业教育协同发展专项基金，以资金杠杆为区域职业教育合作提供强有力的经济支持；细化对校企合作中企业的税收优惠和补偿的实施办法，并争取得到税务部门、劳动部门和其他部门的一致认同，专项制定职业院校校办企业的税收优惠政策；多渠道吸引资金投入，设立成果转化风险基金、产教结合项目成果转化担保机构，建立完善的风险投资体系，等等❶。

---

❶ 邵莉：《高职教育与区域经济协同发展问题探析》，《科技经济市场》，2020年第6期，第141～142页，第160页。

第四节　职业教育和区域经济协同发展策略

世界经济论坛认为，"国家竞争力"是"决定一个国家生产力水平的一整套要素、政策和制度"，它一方面取决于不以人的主观意志为转移的客观环境；另一方面则取决于能够由国家和政府主导的政策环境，以及通过人民的意志提高国家创造和保持竞争力增长态势的社会环境。教育政策是影响国家竞争力形成和可持续发展的环境要素。①教育政策体现了国家和政府对教育发展的总体构想和具体规划，是竞争力提高的"国家环境"；②教育政策直接影响每一个社会成员获得知识，掌握技能，培养健康道德的价值观与行为习惯的机会、质量和结果，与影响国家竞争力提高的社会环境有着紧密联系。教育政策的制定和实施从微观上影响教育活动的质量和效果，关系到社会和个人受教育的机会和质量，从宏观上影响教育事业发展的方向、速度和规模，关系到人力资源的规模、水平和综合国力的提高。

一、制定完善政策

区域职业教育协同发展是党和政府为贯彻大力发展职业教育的方针，解决职业教育发展重点和难点问题，实现职业教育促进区域产业结构升级、转型、发展的重要工作。因此，国家必须从政策层面进行积极引导和保障。

（一）加强政策的系统性

1. 建立健全政策体系

成熟的政策应该形成一个完整的体系，这一体系的结构是一个纵横交错的立体网络模式。因此，我国应该完善区域职业教育协同发展政策体系，使其实现系统化。职业教育具有强烈的社会属性、经济属性等，区域职业教育协同发展涉及的部门较多、范围较广，应该在"母体法"的基础上，配套针对性和操作性都较强的法律法规作为补充。从政策制定主体来看，既要有国家层面的宏观政策，又要有各级地方政府层面的中观政策，还要有区域职业教育协同发展各主体层面的微观政策。从政策功能上来看，既要有强制性和惩戒性政策，也要有激励性和指导性政策；既要有执行方面的政策，也要有评价和监督方面的政策。

2. 加强顶层设计

区域职业教育协同发展是一个涉及职业教育全局的战略性工程，这一战略性工程的设计规划和实施需要强有力的组织结构来支撑。笔者建议成立由区域内不同"子区域"的教育、人社、发改、财政、科技等相关部委联合组成的职业教育协同发展领导小组，从教育、经济、社会等发展的迫切需求出发，系统谋划，研究制定有关方针、政策、措施，确定协同发展政策框架体系，做好顶层设计。各级政府部门要尽快制定实施细则，落实中央政府的有关政策方针，并组织建立本地区协同指导机构；结合本地区的经济、教育、社会发展的特征和需求，建立符合区域发展的职业教育办学的体系、制度和章程等，制定行之有效的协同发展促进办法，对参与合作各方的责任予以明确的规定，以法律的形式明确政府、行业、企业、学校、学生在校企合作教育中的权利、责任和义务，并制定实施细则。

3. 确立各级党政职业教育实绩考核制度

把职业教育发展纳入党政"一把手"工程项目，确立各级党政职业教育实绩考核制度。强化各级党委、政府统筹本区域内职业技术教育发展的职责。把职业教育发展作为考核党政领导干部抓教育实绩的主要指标之一。因为职业教育改革中面临的难题其复杂性事关社会全局，没有统筹和主导全局的能力就无法取得职业教育体系和制度改革的突破，就会沿袭以往职业教育改革的非系统化、片段化、零散化的特点。强调一把手责任，主要突出政府的宏观统筹和公共服务功能，避免出现职业教育的行政化。

4. 建立评价和监督体系

由教育行政部门牵头，政府、行业、企业和职业院校各相关方共同参与，制定职业教育协同发展评价与监督制度。培养第三方机构，实现评价定量化、监督信息化管理，承担政府委托的区域职业教育协同发展的评估、指导、监督等职能。

（二）加强政策的法制化

任何发达国家区域职业教育的成功经验都离不开国家法律法规的强制执行，健全、配套的政策法规在协调不同区域、协调校企合作以及校校合作各方关系、保护各方合法权益、规范各方行为等方面都有着极其重要的作用。我国 1996 年颁布的《中华人民共和国职业教育法》对职业教育的地位、作用、体系、结构、方针、原则、管理体制及经费筹措等做了法律规定。而且，近年来，我国又陆续出台了一些加强高职教育和校企合作的政策。但是，在实际的运作过程中，还是避免不了部门合作、校企合作乏力的局面。因此，国家应该明确职业教育协同发展政策执行各方的职责，使其实现法制化发展。

（三）加强政策的规范性

区域职业教育协同发展，是单位性质与行政隶属不同且独立决策的实体间的合作。为了加强彼此间的协调，建立从中央到地方各级政府部门间、职业院校与企业行业间的多层次协调机构，明确赋予校企合作协调机构的职责和权限，增强其协调能力，使其具有较高的权威性。

国家层面应制定区域职业教育发展促进办法，明确区域政府部门在职业教育协调发展中的职能和责任。行业主管部门应牵头建立行业职业教育指导委员会，搭建校企对话平台，赋予行业协会职能，督促行业内的企业参与合作，切实发挥行业在推动职业教育协调发展中的引领和监督作用，激发企业社会责任，鼓励企业积极参与合作，有效发挥合作企业的核心主体作用。鼓励企业参与职业教育，首先要体现企业的社会责任感，在制定的校企合作促进条例中，考虑用法律的形式体现国家的意志，要求企业承担起社会责任：①搭建政府、行业、企业、院校和其他社会组织等多方参与主体的交流对话机制；②鼓励行业企业及时反馈人才需求和岗位技术变化信息，发挥各级政府协同发展联席会议制度的作用，定期组织相关部门按行业召开不同层面的经验交流会；③提高协调发展的信息化水平，建立公共的网络服务平台，整合各方资源和人才供需信息，定期举办基地合作、项目合作洽谈会，创新更多的组织合作形式。

二、健全经费保障

职业教育对我国经济增长和产业发展都有非常明显的贡献，与同级普通教育相比，职业教育对经济增长的贡献甚至更大。因此，加大职业教育投入，加速职业教育发展，对更快、更好地促进经济社会发展具有十分重要的意义。切实支持职业教育的可持续发展，关键在于形成一个能够与职业教育培养成本相匹配的经费保障机制。从国民经济再次分配讲公平的原则出发，职业教育的主要经费来源是财政性经费，其应注重向职业教育投入倾斜，进一步拓宽思路，综合采用法律、税收、金融等政策，鼓励企业、社会对职业教育投资，共同构建一个能够支撑职业教育可持续发展的经费保障机制。

（一）明确职业教育投入经费的增长比例和财政投入目标

近期内，我国各级政府在提高教育支出占财政支出比重的同时，应将增量的教育支出更多地投向职业教育，即在保持教育财政支出增长速度快于财政支出增长速度的同时，保持职业教育财政支出增长速度快于教育财政支出增长速度。从中长期来看，我国需要进一步转变职业教育办学体制与机制，完善职业教育公共产品供给制度，通过市场与政府手段的有效对接，增加职业教育公共产品的供给❶。

（二）明确各级政府在发展职业教育中的职能

由于职业教育这一准公共产品具有区域外溢效应，因此需要由中央政府与地方政府合作提供职业教育这一公共产品。中央政府主要发挥调控区域间、产业间职业教育均衡发展的职能。中央财政投入的主要方向：一是向区域职业教育协同发展重大项目倾斜；二是向农村职业教育以及涉及农业的职业教育学校与专业倾斜。中央政府发挥区域与产业间职业教育均等化职能，根据各地职业教育发展差异，对职业教育发展落后省区实行转移支付，对涉农职业技术学校与专业从资金投入、人才培养和学生就业等方面给予重点扶持。

（三）完善公共财政职业教育经费管理与监督体制

在明确各级政府职业教育投入职责的基础上，我国需要进一步强化职业教育经费支出的财政监督制度，加强立法机关对各级政府贯彻职业教育政策情况的监督与审核，扩大社会组织对职业教育发展的监督范围，确保职业教育财政预算得以贯彻执行。此外，我国当前财政对职业教育经费投入与拨款制度没有结合实际情况，直接导致职业教育投入不均等，既损害了教育公平，也降低了职业教育资源配置的效率。因此，在职业教育投入与拨款结构中，需要妥善处理专项经费、项目支出，适当增加一般性支出，减少政府在职业教育发展中不适当的干预与调控，促进职业教育健康、协调发展。

三、进行集团办学

（一）扩大职业教育的融资渠道，弱化财政投入主渠道

在教育的发展过程中，地方政府的参与、扶持、协调尤为重要，政府

---

❶ 张佳：《高等职业教育与区域经济互动问题的实证研究》，成都：西南交通大学出版社，2018年，第135～143页。

从宏观上的重视程度决定了职业教育的发展方向。在党的十一届三中全会召开以前，我国的职业教育都是由地方政府或者中央部门办学的，通过教育行政部门动用的是国有资产实施办学，无论属于中央部门还是地方政府，职业院校都是国家公有制形式，是社会经济体制在高职业教育办学体制中的体现。在我国经济的起步阶段，这种办学体制可以集中社会的优势力量和有限资源，根据国家的计划培养人才，满足经济发展的需要。但随着经济的发展，当国家的经济体制的基本制度变化为国家所有制和多种形式的所有制共同存在时，职业院校教育的办学体制也要发生相应的变化。政府对职业院校的管理由直接管理转向了宏观调控，主要着力于政策咨询、立法导向，学校也从政府的附属转变为面向市场的独立法人实体，学校内部的管理从计划性的统一管理，变为根据市场需求办学，优胜劣汰。职业院校的这种根本变化，实质就是由投资主体多元化和管理主体多元化所引起的，也为企业举办职业教育提供了很好的契机。

现在一些发达国家的教育基金组织和中国经济技术投资担保公司等大企业表现出投资中国职业教育市场的强烈愿望。职业院校的办学需要大量的资金投入，政府可以建立相应的投资法律法规，在投资体制中引入市场机制、竞争机制及激励机制，合理引入资金，认真实施监管，从而使政府的身份从投资主体变为第三方的监管者，这样不仅解决了职业教育的资金问题，也改变了政府为单一投资的渠道❶。

（二）依托大型企业集团组建紧密型的职业教育集团

在全国第四次职业教育工作会议上，国务院做出了《关于大力推进职业教育改革与发展的决定》，指明了职业教育的办学体制改革方针——政府主导，依靠企业，充分发挥行业作用，社会力量积极参与多元办学格局，并提出了职业教育应当深化管理体制改革，加大办学体制创新，使职业教育与社会主义市场经济发展需要相适应等措施。职业教育的政策明显地强调了把社会力量参与、企业集团参与作为深化体制改革的重要方面，切合了职业院校培养应用型人才的办学目标。作为职业院校，应当紧紧抓住这一有利时机，在政府的扶持下，利用地域优势和经济特色，促进区域经济发展、产业结构调整和新兴产业的发展。

---

❶ 盛海霞：《适应区域经济发展的中等职业教育对策研究》，长春：吉林农业大学，2018年。

多元化办学模式可以解决发展职业院校的资金问题。职业教育的生均培养成本是普通本科教育生均成本的两倍，政府财政拨款和学生学费投入建设是远远不够的，实践是职业教育中最重要的一个环节，是提高学生技能最根本的途径，也是职业教育与普通本科教育最大的区别，校办企业的建立，实验实训基地的建设，仪器设备的购买都需要大量的资金投入。因此，政府应当鼓励职业院校和企业行业深度合作，鼓励企业参与职业教育，企业不仅可以"订单培养"所需人才，而且可以参与职业教育的各个环节，如招生范围的确定、教学计划的制订、培养目标的制定等。例如，与杭州职业技术学院深度合作的达利丝绸、友嘉集团、杭州容安、杭州安恒等企业均捐赠或"准捐赠"实训设备 5000 多万元，大大提升了学校的实训条件。对于举办职业教育的企业，国家可以给予税收方面的优惠。

企业创办职业教育的另外一个渠道是鼓励民办职业院校的设立。我国职业院校在经历了 1999 年到 2003 年的大幅扩招之后，规模扩大开始放缓，如何实现规模平稳增长，从"量"的增加过渡到"质"的提升，是职业教育发展的一个瓶颈。民办职业院校的设立可以解决国家和地方政府办学的资金问题，也是适应市场经济体制的有益尝试。民办职业院校可以由企业牵头，也可以由政府或办学模式比较成熟的职业院校牵头，引入民营资本，实现股份制的管理模式，政府、企业或是办学模式比较成熟的职业院校都可以参与进来，进行集团化办学。

（三）区域职业院校可以建立区域职业院校集团

职业教育的集团化还可以是区域内的职业院校联合，成立职业教育集团。例如，长江三角洲区域、珠江三角洲区域等，都可以以区域经济为载体，以院校协同为纽带，以项目推进为抓手，以课题研究为载体，以研讨交流为平台，打破省域界限，以开放的姿态，在更大规模、更广范围和更高层次上，进一步交流办学思路，探讨区域协作，共商改革大计，共谋发展之策。

在以区域经济为载体的基础上，区域集团内的职业院校可以从以下几个方面加强合作：①加强人员交流，建立校长、管理人员、教师、学生交流机制；②加强优质资源的共享，共同进行专业、课程、教学资源库、图书馆、实习、实训基地的共建共享；③加强教学、科研、国际交流与合作，共同开展教师教学竞赛和学生技能竞赛；④加强改革创新，共同申请国家教育体制改革试验区；⑤加强合作交流平台建设，形成定期会商机制；⑥加强区域合作组织建设，建立"职教联盟"。区域职业教育的集团化突破了省际和校际的界限，以经济为载体，跨省联动发展，共建合作平台，形成整体办学的优势，一定会为职业院校可持续发展做出有益的探索。

第六章　职业教育和区域经济发展的国际比较

职业教育是经济发展、科技进步的产物，如果一个国家或地区只有普通教育而没有发达的职业教育，就不可能使先进的科学技术转化为生产力，就不可能推动区域经济的快速发展。他山之石，可以攻玉。欧、美发达国家在职业教育的培养模式、课程设计、教学方法、校企合作等方面，均有许多值得我们借鉴的地方。

第一节　发达国家职业教育与区域经济发展成功对接的范例

一、德国职业教育的秘密武器——"双元制"教学模式

德国是职业教育与区域经济成功对接的典范之一。早在12世纪，德国的手工业行会中就出现了"学徒式"的职业教育，经过数百年的演变，这一传统发展成了今天的政府与企业合作的职业教育模式。今天，从奔驰汽车到磁悬浮列车，从西门子电器到日常生活用品，无不显示出其精湛的技艺和优质的质量。人们在探索德国科学技术与经济迅速发展的奥秘时发现，德国人所具有的文化素质和发达的职业教育，是促成该国强盛的关键所在。在德国，企业界人士更是认同职业教育就是产品质量的保证，是德国经济发展的柱石。

德国目前有各种职业学校9000多所，专业多达360多个。职业教育作为维系民族生存、经济发展、国家振兴的根本大计，构筑了德国高水平职业教育与区域经济融合的核心，是著名的"双元制"教学模式。

"双元制"教学模式是德国实行职业教育最主要的特点，也是职业教育成功的关键。"双元制"是同时在两个地点，有两个施教主体，也就是在企业和职业学校中分别进行教学的一种制度。企业培训主要是使受训者更好

地掌握"怎么做"的技能。而职业学校以理论教学为主，主要解决受训者在实训技能操作时"为什么这么做"的问题。

"双元制"中的一元是职业学校，它是德国中等职业教育里最重要的一类学校。凡是中学毕业生（类似我国的初中毕业生）都可以上职业学校。职业学校的任务是传授与职业有关的基础知识和专业知识，特别注重从事未来职业的实践技能的培养。职业学校的文化课一般每周为12个学时，采用每周1—2天或每学期集中1—2周的方式进行课堂教学，其他时间则在实习培训场地或企业进行技能培训。

"双元制"的另一元是培训企业，它是"双元制"职业教育的校外培训场所。凡在职业学校上学的学生，都要与培训企业签订培训合同，内容包括培训目标、培训起始时间、培训年限、生活津贴数额等。学生学习期满考核合格后，大部分留在原签合同企业工作，也可以到其他企业工作或继续上学深造。

"双元制"职业教育中培训企业和职业学校的"双元"互为依存，相辅相成，缺一不可。在整体的培训目标上，"双元制"合二为一；在具体的培训过程中，一分为二，呈现出明显的双元属性。职业学校与培训企业的紧密合作保证了职业教育和所培训学生的质量。学生的结业考试不是由学校组织的，而是由相应的行业学会负责组织的（德国所有的企业都是行业协会的义务会员），从而使学生所学为企业所用，为实践所接受。

可以这样认为，"学校和企业合作，突出企业培训；理论和实践结合，突出技能培训"是"双元制"的精髓。"双元制"作为德国一种重能力、重实际，将企业与学校、理论知识与实践技能紧密结合，以培养高水平的专业技术工人为目标，且经过实践证明的非常成熟的职业教育制度及模式，已成为德国质量的标志，受到世界各国的普遍关注，成为世界各国争相学习的楷模。

在管理体制上，"双元制"是由政府对职业教育进行宏观管理，学校、行业主管部门和生产单位组织实施的三重负责制。据悉，德国有75%以上的初中毕业生直接进入企业中的培训机构，接受职业技术培训，同时进入各类相应的职业学校学习基础知识。这种相互交叉、有机结合的管理体制，为职业教育的实施和完成提供了保证，有利于在教学过程中贯彻理论联系实际的原则，有利于培养出既懂理论又有动手能力的生产和管理人员。

在德国的"双元制"教育中，企业培训起主导作用，职业学校只起配合和服务的作用。而他们的企业培训，则又分为企业内培训和跨企业培训。据有关资料介绍，企业内培训可分为五大类：①工业教学车间培训，这是企业内培训中质量最高的培训，多数在主要或大型企业中进行，其主要特征是培训与生产过程分离❶；②非系统的工业培训，主要在中小型企业中进行，其主要特征是培训与生产过程联系密切，大都在生产车间中进行；③传统的手工艺培训，其主要特征是培训与生产过程联系最密切，教学全在生产现场进行；④办公室和服务业的系统培训，通常由大企业或行政机关负责，其主要特征是把职业学校的理论教学与企业或行政机关的实践培训联系起来，增加与实践相关的理论知识的教学比重；⑤办公室和服务业的非系统培训，主要在中小型企业和办公室进行，其主要特征是通过实地操作来学习。

二、美国发展职业教育的重要经验——产教结合

在西方发达国家中，美国是个年轻而又发展很快的国家。它之所以能后来居上，持续领先，固然有许多政治的、经济的、民族的、文化的种种条件和原因，但不可否认的是，职业教育对其崛起和发展发挥了十分重要的作用。作为直接促进美国经济起飞的一个重要方面，美国发展职业教育的重要经验便是"产教结合"。产生这一经验的重要缘由既有美国建国240多年职业教育对本土经济发展的长期融入，更有美国企业参与职业教育所担当的领军与主动角色。

美国的职业教育由中等职业教育、高中后职业教育和职业教育三部分构成。实施机构主要为综合高中、地区性职业教育中心、职业技术学校、社区学院和企业办培训中心或学校等。其中，以社区学院为主进行的高中后职业教育和职业教育是美国职业教育的主要形式。其办学以政府为主，经费来源和管理有代表社会的联邦政府、州政府、地方当局、工商行会组织、工会、公司（企业）、其他社会团体，以及代表个人的直接办学者和间接助学者等。所有这些创办者在职业教育组织体系中所处的地位、承担的责任、发挥的作用、获得利益的方式，以及由此形成的职业教育运行机制，共同造就了美国独特的职业教育办学体制。这种独特的办学投入与管理机

---

❶ 王继平，尉淑敏：《职业教育标准生成机制的国际比较及启示》，《教育与职业》，2021年第6期，第27～34页。

制决定了美国的职业院校人才培养的规格、类型、课程、学制、专业设置等，而且还带来了学校功能的多样化，促使学校关注市场的需求变化和教育教学质量的提高。作为美国发展职业教育的重要经验，"产教结合"——在进行职业教育的过程中将企业与学校结合起来，施以"工读交替"的一种教育制度和教学形式，正是出自这种办学体制的必然与使然。可以说，它一出现便为美国工商企业界与学校所乐见和接受，并不断推陈出新，迅速发展，成为不同历史时期发展的佐证。

（一）初始合作职业教育

早期的"产教结合"称为"合作职业教育"，也称"工读课程计划"。美国合作职业教育的历史悠久，其源头可追溯到美国建国初期，但真正发展是在20世纪的60年代。1963年颁布实施《职业教育法》，主要目的就是大力发展部分时间制的合作职业教育，法定了政府财政支持的职责。1968年的《职业教育修正案》对合作职业教育做了新的解释，规定了联邦政府对合作职业教育的拨款办法。此后，合作职业教育扩展到了诸如农业教育、商业和办公室教育、销售分配教育、健康教育、家政教育、手工业和工业教育领域。合作职业教育为学生创造了理论结合实际的良好学习条件，也便于雇主对学生进行全面考查和择优录用。

（二）生计教育模式

20世纪70年代，美国出现的生计教育运动旨在消除狭窄的职业教育与普通教育的鸿沟，强调教育与现实生活的联系。生计教育模式最主要的是以雇主为基础的教育模式。它是以雇主的工作场景为基础，让13—18岁的中学生有选择地进行学习。其特点是让学生置身于实际工作场景中去体验工作，获得知识技能，以代替传统的课堂讲授。学生可在学完工商企业雇主提供的课程后毕业并得到相当于学校所修学历的证书，或在中途返回学校继续学习，而学校承认其在工作中所得的学分。

（三）收办学校模式

所谓的"收办"，就是通过企业与学校建立起密切的合作关系，企业为学校提供财政援助，并把自己的影响深入到学校教育内部，而学校则为企业培养出合乎企业要求的新工人。这种称为收办学校模式的职业教育形式在20世纪80年代就开始风靡全美国。工商企业除在企业内部组织职业培训外，更多的是直接通过市场"购买"的方式，从社会上得到。这里必须说明的是，在美国企业每年提供的440亿美元"购买费"中，用于派送员工到职业院校培训的投入就多达 400 亿美元。

（四）学习与就业联结模式

1990 年秋，美国联邦劳工局颁布了六个试点性行动计划，其目的一方面是使教学更加适合就业；另一方面是尽快提高教学质量和劳动者素质。每一个计划都可使学生学到和职业有关的实践课程，以及获得有关的工作经验。学生毕业时就已做好进入劳动力市场的各种准备。实施这些计划集资约 1000 万美元。克林顿就任总统后，制订了一个全国学徒计划，向所有未选择上大学的中学毕业生开放。职业学校和企业共同制订独立的方案，并保证学生毕业后有工作机会。

总之，以上各种模式的"产教结合"，反映了企业办学在美国已蔚然成风。美国著名的卡耐基促进教育基金会提供的一份题为"公司课堂：学习的企业"的报告指出，美国企业内部开展的训练和教育计划，将企业的生产经营与职业培训结合起来，为全国公立、私立学校和学院的职业培训提供了一种替代方案。目前，美国企业每年用于教育和训练的经费近 600 亿美元（如国际商用机器公司每年用于职工教育的经费为 7 亿美元），与美国政府拨付给全国 4 年制大学的教育经费大致持平。它可使每年近 800 万人获得企业提供的教育和培训援助，与高等院校录取的学生人数相差无几。可以说，美国职业教育这种由政府引领、企业加盟、社会参与的"产教结合"模式，已经成为美国经济与社会发展保持长盛不衰、赖以依托的基础与源泉。

三、澳大利亚职业教育的中流砥柱——技术和继续教育

澳大利亚国土面积约 760 万平方千米，总人口约 2569 万人（2020 年 9月），是一个地广人稀、拥有丰富农业生产和矿产资源的国家。第二次世界大战至 20 世纪 60 年代，为了适应国民经济的发展和经济结构的变化，澳大利亚将原有的师范学院、工艺学院和其他一些高等教育机构合并，建立了一种新型的高等院校——高等教育学院，以开设实用的、与职业有关的课程。同时，在工业化的推动下，技术学院和技术教育迅速发展。20 世纪 70年代，依据新成立的技术与继续教育委员会的建议，澳大利亚设立了新型的技术和继续教育（technical and further education，TAFE）学院，把技术教育与继续教育、学历教育与岗位培训结合到一起，实施新型的技术和继续教育。这个相当于我国中专、技校、职高和高职学院的综合体由澳大利亚联邦政府和各州政府共同投资兴建并进行管理，作为澳大利亚一种独特

的职业教育培训体系。TAFE 成了澳大利亚职业教育的中流砥柱，它是全球成功的特色鲜明的教育体系之一。

TAFE 所采用的模式被称为新型现代学徒模式。TAFE 体系拥有一支高技能的、综合素质合格的"双师型"教师队伍，与区域经济发展协调的"学以致用，以能力为本位、以职业为导向"的办学宗旨和终身教育的职业培训理念。经过 30 多年的发展，这一体系具有以下的特点和优势。

（一）政府重视，建立全国统一的资格标准体系

从职业技术教育的初建阶段开始，澳大利亚联邦政府及各州和地方政府一直致力于扮演一个政策协调和采用财政拨款等非强制性的行政手段来保障培训质量的角色，建立全国统一的资格标准体系，参与 TAFE 学院的布局设置、资金划拨以及培训实施等方面的管理，建立相应的部门和机构，加强职业教育和行业之间的紧密联系等。这些措施有力地推动和保障了职业教育的良性发展。

（二）机制灵活，办学方式多样

1. 学制和学习对象的灵活多样

澳大利亚 TAFE 的课程包对学习时间和学习对象没有任何规定，学习时间从 3 个月到 2 年不等，根据培训的需要具体确定，以修满规定的学分，具备相应的职业技能为准。培养的对象不受基础和年龄的限制，也没有特别严格的入学考试制度，只要接受过 12 年的基础教育就可以。此外，学员还可以根据自身时间的安排自由选择培训或学习时间，如工作的学员可以选择离职培训、在职培训（有计划地学习并与工作相关），或离职培训和在职培训相结合等方式灵活的授课；就学时间可采取全日制或兼职学习方式，还可根据管理信息系统由教师、学生自由选择；TAFE 的教师也可以根据企业需求的时间来授课。

2. 课程设置和教学方式的灵活多样

TAFE 的课程面向不同年龄、不同行业的社会群体，提供社会和行业改革所需的各种知识和技能。在课程安排方面，TAFE 提供阶段性的又可连续的课程，方便学员在不同时期、针对不同需求来选择所修课程。部分课程还可与大学学位实现学分减免、课程转换和衔接，为学员提供证书、文凭或行业技能培训等多功能的立交桥式的教育培训平台，更为学生提供了终身学习的良好平台。TAFE 的教学内容以培训包为标准，一般没有统一的课本，由各学校和教师自主选择教学内容，多以讲义和辅助资料为主，这也要求教师在授课的过程中强调与实际需求的紧密结合。

TAFE 课程采取的教学方法和手段灵活多样，可通过课堂、工作现场、模拟工作场所、网络等诸多方式开展教学。

3.考核方式的灵活多样

TAFE 课程采用多种考核方式，但是理论考核要求宽松，以实践能力的考核为主。每个培训包课程都有最低的能力考核要求，教师在建议的 12 种标准测试方法中至少选择两种方式进行考核。这 12 种考核方法是观测、口试、模拟操作、第三者评价、证明书、面谈、自评、案例分析、工件制作、书面测试、录像和其他。评价体系注重的是过程，而不是结果。教师在授课前就要清楚地告诉学员，该课程考核的方法和具体的时间安排，每一门课程至少采用两种考核方式，而且每一种考核方式都最大限度地覆盖课程的各学习要素，每一点要素也至少要被考核两次。这些方法能够全面客观地考查课程的重点、要点，强调学员平时的学习和资料的积累，并侧重实际能力的培养。课程考核的方式和手段要求符合有效性、可靠性、灵活性、公平性，教师在遵循有效、公平、可靠、灵活、充分、真实和现实等原则下收集相关资料，最后确定学生的考核结果。因此，对有些课程的考核，学员从一开始接受培训就要认真准备各项材料，在学习的过程中注重自身实践能力的培养和提高。这些方法的综合利用更有效地培养了学员的能力，考核的结果也更能如实地反映学员的实际能力。

（三）行业支持，产学研一体化发展

强调和行业的紧密联系，充分发挥行业的主导作用是澳大利亚职业技术教育的另一大特色。在多年的职业教育改革和探索中，澳大利亚职业技术教育逐渐形成了以行业为主导的职业教育制度，极大地支持和推动了 TAFE 的可持续发展，形成了产学研一体化发展的良好局面，也是 TAFE 备受青睐和称赞的主要原因之一。行业在 TAFE 中的主导作用具体表现在以下几个方面。

1.主导有关职业教育和培训的宏观决策

在澳大利亚，国家和各州管理 TAFE 的组织机构，主要是以来自并代表行业意志的人员组成的，如代表澳大利亚联邦政府管理 TAFE 的权威机构澳大利亚国家培训局（ANTA）就是由政府、行业、教育界的代表组成的，其中大部分成员来自澳大利亚的支柱行业。其他一些重要机构，如联邦和各州 TAFE 的行业培训顾问委员会、各州 TAFE 服务处也大都是由行业的人员组成的。这些机构对 TAFE 发展中关于适应就业市场、满足企业需求、争取经费

投入等重大问题做出的宏观决策都充分体现了行业的主导作用。

2. 参与 TAFE 学院办学的全过程

在 TAFE 学院办学的整个过程中，行业也充分发挥了自身的主导作用。具体表现在制定办学操作规范、直接参与学校管理、充实学院教师队伍、支持实训基地建设四个方面，为 TAFE 教育提供了强大的动力和有效的保障。

3. 负责教学质量评估

除了以上两方面，行业还负责对教学质量进行定期评估和督促。国家和州的行业培训顾问委员会除了每年对学校的教学质量进行定期评估之外，还经常开展雇主对职业教育和培训满意程度的调查活动，企业则积极响应这种调查，提出对职业教育和培训的看法和建议。

4. 投资岗位技能培训

开展产学合作教育是澳大利亚职业技术继续教育立足与发展的重要途径。从 20 世纪 90 年代中期开始，澳大利亚政府就通过立法规定企业必须拿出相当于工资总额 2% 的资金用于职业培训，实际上一般企业都已突破了这个比例。企业培训一般正是由企业先提出员工培训的需求和目标，TAFE 派人与企业内专职培训教师共同研讨、制定培训项目数，包括课程设置、课时安排、教材选取、考核与评估、时间、场地、费用等，企业认可后，由 TAFE 照此实施。有时，这一过程是企业采用招标方式进行的。

国家及各州还设有产业培训理事会作为培训的顾问机构，其发挥着纽带和桥梁的作用。产业培训理事会一头连着产业，另一头连着国家培训管理局、各州教育培训部及其 TAFE 学院。按照这样的方式开展的职业教育与培训，使 TAFE 学院与企业相互依赖、相互支持、共同发展。一方面，行业根据雇主提出的专门培训要求，向 TAFE 学院拨款开展培训，据估计，行业每年用于各种形式的培训费约为 25 亿澳元；另一方面，学院也必须依靠企业，为企业"雇主"服务。

第二节　发达国家职业教育与区域经济发展成功对接的启示

一、德国"双元制"职业教育的启示

相对于学校制职业教育，"双元制"职业教育更注重实践技能的培养，并使之得到了确切保证。这使以培养生产第一线实际操作人员为目的的职业教育，真正成为受企业欢迎的教育。虽然，我国目前也非常重视学生实际操作技能的培养，但学校制的培养模式客观上使学生远离了生产第一线，而集中安排的生产实习，又不利于学生及时将所学理论同实践相结合。

在"双元制"职业教育体制下，学生在特定的工作环境中学习，和企业有了更多的交流机会，大大降低了培训后失业的风险。这对我国职业院校多年来难以解决的毕业生，与用人部门对口录用问题有一定的借鉴意义。

同我国现行的偏重系统理论传授的职业教育教学内容相比，以岗位要求为培训目标的"双元制"职业教育更受企业的欢迎。这就是说，以各类技术等级考核标准的要求为培养目标并构建与之相适应的教学大纲和教学内容体系，应当是我国职业教育教学改革的重要内容。

"双元制"职业教育的核心是"校企合作"，这种"校企合作"使校企双方最大限度地利用了各自的条件和优势。尤其是学校与企业的紧密合作使教育能够在第一时间了解到市场需求和企业对人才要求的变化，对专业结构和课程设置实现动态调整。对此，我国的职业院校也应综合开发和利用"校企合作"这一模式，使学校专业及课程设置根据企业和用人单位"量身定制"的要求，相应做出必要的调整❶。

"双元制"职业教育对我国最大的启示是企业的参与。德国企业因其拥有的资源、规模及实力，具有与我国中小企业无可比拟的优势，这些企业集团通过组建跨企业培训中心建立和实施"双元制"教学模式，其运作可以说是顺理成章、得心应手和事半功倍的。相对来说，我国目前众多的中小企业很难单独创办职业教育中心，而仅仅是职业学校唱独角戏，企业不参与或少参与，没有企业参与的积极性，谈推进"双元制"教学模式，也只能是心有余而力不足，不得要领，勉为其难。因此，调动企业参与的积极性，倡导企业转换角色，组织企业联合创办或者由行业主办跨企业培训中心，将是我国一个非常重要的发展职业教育的途径。

二、美国职业教育"产教结合"运作的启示

从立法角度看，美国建国240多年的多部联邦立法，是美国职业教育

---

❶ 潘书才：《职业教育校企合作的国际比较及经验借鉴——基于德国、美国、日本三国的分析》，《常州信息职业技术学院学报》，2021年第20卷第1期，第5～8页。

发展的要诀和依据。最早的职业教育立法，可以追溯到美国殖民地时期的学徒制。该制度沿用英国 16 世纪、17 世纪制定的相关法律，由父母通过签订合同，将孩子交给有一定技术的匠师，或由地方当局分配给匠师分别照管。这种合同可视为职业教育"产教结合"立法的雏形。1974 年，美国国会颁布的《生计教育法》规定，将"生计教育"作为美国全国教育实践模式的重点项目。1977 年，美国国会众议院还专门通过了一个"生计教育五年计划"，该计划对"生计教育法"进行了修订。可以说，这些立法开启了美国全民职业教育之门，对于"产教结合"模式的建立与完善起到了重要的奠基作用。相比之下，我国有关这方面的立法还比较欠缺。多年来，"产教结合"仅仅作为职业院校一种教改形式予以提倡，而没有通过立法定性为国家职业教育法典中一项极为重要的法规或法则 ❶。

　　从参与角度看，美国的各类职业教育培训，普遍都有工商企业界参与。这种参与主要是通过雇主参加职业教育培训，确定与学校的合作项目，把职业教育学生安排在实际工作岗位上，进行半日生产实践。这种情况无论是中学阶段还是中学后阶段，都能吸收较多的学生参加。相比之下，我国的职业院校与企业的沟通还很不够，"产教结合"有的仅是作为试点，产教双方参与力度不大；有的是表里不一，"产教结合"仅为应付检查，做表面文章，落不到实处。对此，国家应加强宣传和舆论导向，提高全社会的认识，尤其是企业的参与意识，有关优惠政策的制定应向"产教结合"的实施部门倾斜，为借鉴、学习、推广发达国家"产教结合"的成熟经验创造好的条件。

　　从定位角度看，美国职业技术教育的全过程面向岗位工作需要，针对岗位职业的实际，定位十分明确。美国社区学院招收高中毕业生，学期为1—3 年，主要为培养中级技术员。这些学院都强调要使学生掌握实际技能，具有就业和实际生活中所必需的能力。他们认为，理科大学培养、发现和认识客观规律的人才；工科大学培养将客观规律应用于实践，将设计意图变成设计图纸的人才；高职生是将设计图纸转变为物质实际的工艺型和组织管理型人才；而中等职业学业是培养中、初级技术和管理人员、技术工人等有一定技能的劳动者，因此他们必须有实际操作技能，重点是具备实践能力、动手能力、操作能力，而不在于理论水平有多高。

---

❶ 李瑶：《京津冀一体化视阈下中等职业教育与区域经济协同实证研究》，天津：天津职业技术师范大学，2018 年。

从吸纳角度看，在学习国外发达国家"产教结合"的成熟经验上，我们应该根据国情、省情，取其之长，补己之短。无论是美国的"合作教育"模式，德国的"双元制"模式，还是英国的"三明治"（工读交替）模式和日本的"产学结合"模式，我们的学习和借鉴，既不要好高骛远，也不能因噎废食，要以科学发展观为指引，善于捕捉机遇，敢于直面挑战，为建立和健全具有我国区域特色的"产教结合"制度，努力把本职工作做好。

三、澳大利亚 TAFE 对我国的启示

启示一：实施技术与继续教育的新型综合体。

澳大利亚 TAFE 学院是通过把技术教育与继续教育、学历教育与岗位培训结合到一起，实施新型技术与继续教育的教育模式和综合体。它是作为一个由澳大利亚政府与行业一起建立的在国家培训框架下以能力标准为基础的、以培训包为课程开发依据的国家职业教育和培训体系以及全国统一的技能认证体系。这一体系本着"培养高水平实用型技术人才，最大限度地为经济和社会发展服务"的办学宗旨，将初等与中等教育、职业教育与培训、高等教育（大学）相互沟通与衔接起来，形成一股强大的职业教育集团合力，成为全澳大利亚职业培训最重要的组成部分。相比之下，几年前我国兴起的不少职教集团，经过前一阶段热炒后迄今还停留在初始阶段。究其原因，一是有关管理部门不尽心，不尽力，不作为；二是舆论导向不深入，不持续，不对口；三是参与单位不沟通，不协调，不主动。那些三心二意跟风组建的学校、企事业单位经过一窝蜂地盲目联合后，现在又偃旗息鼓地从组建不久的职教集团中各自回归，依旧是我行我素，不相往来……可以说，我们要学习、借鉴澳大利亚 TAFE 的成功经验，在组建职教集团的时候，既不能贪大求快，片面盲目追求规模与速度，也不要搞拉郎配。对此，我国组建职教集团的基本要素是：根据区域经济发展的实际，制订科学的切合实际的中长期发展规划；保证教育资源在各成员之间的优化配置与充分使用；做大做强职教集团内部的规模经济；营造职教集团与区域经济协同发展的良好氛围。

启示二：建设一支高素质的"双师型"师资队伍。

澳大利亚 TAFE 模式极为重视"双师型"师资队伍的建设，其主要做法是严格要求教师定期离开学校到行业或企业专业岗位上实践，保持与产业界的紧密联系。它的一流学院级的教师许多就是行业中人，与各行业包

括雇主都有最紧密的联系，他们最了解行业的发展，随时调整课程和学制，以满足不同社会、不同行业和不同专业领域对人才的需求。相比之下，我国职业院校还存在亟待解决的"双师型"师资队伍建设问题。其表现为：①"起点低"，职业院校的专职教师基本上都是从学校到学校，教师来源渠道单一，缺乏实践锻炼，实践能力、动手能力、实训教学、现场指导都处于弱势，与社会需要的那种既有渊博的理论基础知识，又有丰富实践工作经验的"双师型"教师差距明显；②少数从企业引进的教师，缺乏教育教学理论。他们具有丰富的生产实践经验和阅历，具有一定的知识技能和表达传授能力，但目前也存在对专业新知识理论生疏、教学表达方式学生不能适应、教育教学理论相对缺乏等诸多问题，同样制约着人才培养质量水平的提高；③职业院校缺乏实践的场所和时间，科技开发、社会服务的职业教育体系在大多数职业院校中尚未形成，产教结合的教育模式没有形成一定的规模，部分单位不愿意接收教师参加顶岗实践；④教师大多数处于超负荷工作状态，很难有机会长时间到生产实践的第一线锻炼和提高。另外，在现行的教师职称评定中存在着重论文、轻教学，重研究、轻应用的倾向，这根指挥棒无形中引导教师把时间和精力放在完成论文、发表著作等硬指标上，而忽视了专业实践能力的培养和提高❶。对此，在"双师型"师资队伍建设上，澳大利亚 TAFE 的经验是值得我们很好地学习和借鉴的。

　　启示三：树立终身教育的职业培训理念。

　　从澳大利亚 TAFE 的教学特点可以看出，终身教育模式已经比较成功地建立起来了。终身教育理念突破了高等教育的时空限制，使职业教育与社会需求紧密结合，实现了人们在需要的时候就能适时适地继续学习或深造的愿望。而目前我国的职业教育虽然发展迅速，规模快速扩大，但是仍然以提供学历教育为主，在招生要求、时空方面都有着严格的限制条件，大学还是专为年轻人而设的，主要面向从中等职业教育和普通高中升上来的学生。许多接受过 10 多年基础教育的年轻人或年长的人们由于各种各样的原因，可能失去继续深造的机会，只能拥有无法实现的大学梦。希望我国的职业教育也能更好地突破传统学历教育，树立终身教育的理念，扩展职业教育的范畴，把职业教育和培训融合在一起，加深对职业教育与经济建设和社会发展的联系的认识，把职业教育与一线生产员工的继续教育统筹

---

❶　徐国庆，陆素菊，匡瑛，等：《职业本科教育的内涵、国际状况与发展策略》，《机械职业教育》，2020 年第 3 期，第 1～6 页。

加以考虑，通过实行课程之间的相互认证、学分互认等方式，满足社会成员各种职后教育的需求，并以此作为职业教育的办学目标，使高等职业院校成为社会成员终身学习的场所。

启示四：课程改革凸显职业技能和实践能力。

TAFE 教育强调实践，理论与实践是密切结合的。课程的目标就是技能标准的实现，采用什么样的方式有利于技能的获得就采用什么样的方式。相比之下，我国目前的职业教育由于受种种条件的限制，仍然侧重知识的传授，注重学历教育，没有在真正意义上实现职业教育的目标。因此，借鉴澳大利亚 TAFE 的经验，我国职业教育要深化职业课程改革，凸显职业技能和实践能力培养。围绕能力培养搞好教学领域的各项改革，实践以能力为基础的教学体系。专业的设置要注重与社会特别是行业、企业对人才、技能需求相结合，课程的制定及教学的评定吸收行业、企业的专家参与和指导，并根据劳动力市场的变化不断加以修改。人才培养应当逐步淡化理论课与实训课的界限，加强实践环节和现场教学，注重培养学生的动手能力，努力实现教学与实践的零距离接触，毕业与上岗的零过渡，使学生毕业后能马上走上工作岗位并能快速胜任岗位工作。

参考文献

[1] 菲利克斯·劳耐尔，鲁珀特·麦克林.国际职业教育科学研究手册（下）[M].赵志群，译.北京：北京师范大学出版社，2017.

[2] 马燕.蔡元培讲演集[M].石家庄：河北人民出版社，2004.

[3] 沈超.就业·收入·和谐职业教育与经济社会协调发展[M].北京：中国经济出版社，2005.

[4] 胡丽霞.区域经济与职业教育发展研究[M].北京：中国经济出版社，2016.

[5] 张佳.高等职业教育与区域经济互动问题的实证研究[M].成都：西南交通大学出版社，2018.

[6] 杜肯堂，戴士根.区域经济管理学[M].北京：高等教育出版社，2004.

[7] 陶行知.生利主义之职业教育[J].教育与职业，1918.

[8] 徐晔.高等职业教育智能生态系统：内涵、结构与实践路径[J].中国远程教育，2021（7）：18-24.

[9] 张丽娜.黄炎培大职业教育思想的内涵及现代价值[J].教育与职业，2021（11）：102-106.

[10] 徐晔.职业教育"类型教育"生态系统的内涵及实践路径[J].教育理论与实践，2021，41（15）：30-33.

[11] 闫定军.习近平职业教育思想的核心与内涵探究[J].产业与科技论坛，2021，20（10）：72-73.

[12] 周庆礼.面向高等职业教育的创客教育内涵与特征研究[J].江苏高教，2021（5）：110-113.

[13] 彭振宇.黄炎培平民教育思想的历史意义与当代价值——兼谈百年未有之大变局下的职业教育创新发展[J].教育与职业，2021（14）：13-20.

[14] 赵明安.新时代职业教育前途广阔大有可为的行动指南[J].武汉船舶职业技术学院学报，2021，20（2）：5-12.

[15] 李峻，杨宗斌．中国共产党发展职业教育的百年历程与实践经验[J]．职教发展研究，2021（2）：1-10.

[16] 邢彦明．中国职业教育类型发展百年历程之政策印迹论[J]．北京政法职业学院学报，2021（2）：99-105.

[17] 职业教育多元化产教融合发展模式的研究与实践[J]．中国高等教育，2021（8）：2，65-66.

[18] 贺小丽．高等职业教育多元化发展模式探讨——评《高等职业教育发展模式研究》[J]．化学教育（中英文），2020，41（18）：113.

[19] 陶礼军．职业教育集团平台下的校企合作研究[J]．职教论坛，2013（32）：60-62.

[20] 张文体．湖南省高等职业技术学院多元化投资发展模式研究[J]．企业家天地下半月刊（理论版），2007（4）：92.

[21] 马陆亭．加大支持 深化改革 促进发展——为高等职业教育鼓与呼[J]．湖州职业技术学院学报，2003（1）：1-4.

[22] 张飞燕，汪国辉．基于校企合作工作室的"师徒制"人才培养模式研究——以浙江广厦建设职业技术大学工程造价专业为例[J]．农村经济与科技，2020，31（17）：345-347.

[23] 尤齐钧．中国家具崛起"区域特色经济"群体[J]．国际木业，2005（10）：8-11.

[24] 刘美平．中原崛起进程中河南省产业结构与城乡结构的调整[J]．郑州航空工业管理学院学报，2005（3）：18-23.

[25] 唐志凌．"互联网＋特色经济"背景下的区域经济创新发展途径分析[J]．全国流通经济，2021（11）：127-129.

[26] 秦锦文．高校学报服务区域经济发展的路径[J]．辽宁师专学报（自然科学版），2021，23（1）：105-108.

[27] 尚勇敏．科技创新与区域经济发展模式转型关系综述[J]．国外社会科学前沿，2021（3）：91-99.

[28] 张桂芳，乔春英，赵志明，等．区域经济视域下应用型本科高校教材的开发与建设——以河北水利电力学院国际商务专业为例[J]．科教导刊（下旬刊），2020（30）：55-57.

[29] 闫景林．科技人才对区域经济发展的影响——基于中国2004—2018年30个省区面板数据的分析[J]．长江技术经济，2020，4（S2）：147-148，182.

[30] 霍强，韩博．区域经济发展的动力机制、模式识别及演化规律——基于西部大开发以来 12 个西部省份数据的分析 [J]. 云南社会科学，2019（1）：102-106.

[31] 张忍．敦煌文化产业链开发与区域经济发展的互动模式研究 [J]. 中国商论，2018（8）：129-130.

[32] 蒋静梅．区域网络开发模式的理论研究与实践探索 [J]. 信息化建设，2016（6）：67-68.

[33] 王英春．高等职业教育与区域经济协同发展研究 [J]. 辽宁高职学报，2021，23（7）：6-9，22.

[34] 翟林香，谷月，杜倩．职业教育对区域经济社会发展服务贡献的研究与实践——基于盘锦职业技术学院质量年度报告分析 [J]. 内江科技，2021，42（6）：136-137.

[35] 张思蒙，王坦．山东省高中教育与区域经济协调发展对策研究——基于空间一致性统计分析 [J]. 青岛职业技术学院学报，2021，34（3）：61-65.

[36] 朱德全．职业教育促进区域经济高质量发展的战略选择 [J]. 国家教育行政学院学报，2021（5）：11-19.

[37] 张等菊．我国近代高等职业教育专业设置及其启示 [J]. 保定学院学报，2021，34（2）：106-112.

[38] 张小梅．区域经济和高等教育协调发展的互动机理 [J]. 中学政治教学参考，2021（8）：100.

[39] 王淑文．新时代中国特色高等职业教育与区域经济协同发展研究 [J]. 营销界，2021（4）：84-85.

[40] 杨乐，张倩．高等职业教育与区域经济发展的协调性研究——以重庆市为例 [J]. 现代经济信息，2018（11）：424.

[41] 刘金露，黄国清．江西省高等职业教育与区域经济发展协调性研究 [J]. 职业教育研究，2018（4）：18-21.

[42] 胡德平．经济新常态下中等职业教育与区域经济发展协调性研究 [J]. 经济研究导刊，2017（30）：64-65.

[43] 赵倩．青海省高等职业教育与区域经济协调发展研究 [J]. 柴达木开发研究，2016（1）：31-34.

[44] 白洁．职业教育与区域经济发展的协调性研究 [J]. 河北师范大学学报（教育科学版），2014，16（2）：87-89.

[45] 魏乾梅.高等教育与区域经济发展的互动协调性——以广西区域为例[J].社会科学家，2011（11）：159–161.

[46] 陈春霞，王墨莼，臧志军.职业教育专业结构与产业结构吻合度研究[J].当代职业教育，2021（4）：35–43.

[47] 张烨.高职院校专业设置与农业产业结构调整契合度研究——以唐山区域农业产业结构为例[J].河北能源职业技术学院学报，2020，20（4）：12–14，18.

[48] 张玲.产业结构调整视域下职业教育对区域经济增长的影响研究[J].才智，2020（21）：164–165，117.

[49] 党婧.职业教育服务区域经济发展能力的研究——基于山西省的分析[J].教育理论与实践，2020，40（6）：25–27.

[50] 李丽.中等职业教育与区域经济社会发展的实践研究[J].职业，2019（27）：106–107.

[51] 盖馥.区域职业教育结构与产业发展适应性评价与分析——以辽宁省为例[J].济南职业学院学报，2017（2）：1–5.

[52] 张三.基于区域产业经济结构 促进职业教育内涵建设[J].辽宁高职学报，2016，18（12）：7–9，56.

[53] 郭永芳，张泽，邹琪.“一带一路”沿线省份中职教育资源配置效率评价[J].河南科技学院学报，2021，41（2）：1–7.

[54] 张传娜.高等职业教育与区域经济协调发展评价指标体系构建研究[J].改革与开放，2020（17）：19–22.

[55] 邓玲玲，戴新建.湖南省高职教育参与区域经济协同发展成效评价研究[J].长沙民政职业技术学院学报，2020，27（2）：65–67.

[56] 王刚.高等职业教育与区域经济联动发展评价体系的构建[J].教育观察（上半月），2016，5（4）：104–106.

[57] 薛磊.区域经济发展与职业教育的关系探析——以江苏省区域经济发展为例[J].科技风，2014（23）：236.

[58] 梁晨，李海宗.区域型职业教育集团化办学绩效评价指标体系研究[J].当代职业教育，2016（5）：49–52.

[59] 黄娟.职业教育均衡发展评价体系的构建[J].顺德职业技术学院学报，2014，12（1）：53–56.

[60] 李琼.区域职业教育发展水平评价指标体系的构建与湖南职教 [J].职教论坛,
  2008（15）：52-54.

[61] 陈华宁,姜楠.我国农民职业教育评价及区域差异分析 [J].中国软科学,
  2008（2）：76-81.

[62] 陈嵩,马树超.职业教育发展水平评价指标的设计与区域分析 [J].职教论坛,
  2005（19）：10-12.

[63] 王英春.高等职业教育与区域经济协同发展研究 [J].辽宁高职学报, 2021,
  23（7）：6-9,22.

[64] 罗启轩,钟秉林.京津冀区域高等教育协同发展态势及推进策略研究 [J].清华
  大学教育研究,2021,42（1）：13-24.

[65] 陈正华,马倩.京津冀协同发展中河北省高职教育的机遇与挑战 [J].教育学术
  月刊,2021（2）：41-47.

[66] 张轩橙,周丽媛.职业教育对于区域经济发展的促进作用分析 [J].中国管理信
  息化,2020,23（20）：226-227.

[67] 曹庆娜.职业教育与区域经济协同发展探析 [J].广西质量监督导报,2020（9）:
  82-83.

[68] 张玲.陕西职业教育助力城乡经济融合发展的研究和探索 [J].广西质量监督导
  报,2020（9）：94-95.

[69] 朱秀民,侯卫华.区域协同发展背景下校企合作办学对策的国际借鉴研究 [J].
  黑龙江高教研究,2020,38（8）：84-90.

[70] 叶冲.高等职业教育规模与区域经济耦合协同发展研究——基于西部12省
  （市、自治区）面板数据的实证分析 [J].职业技术教育,2020,41（21）：
  51-56.

[71] 邓玲玲,戴新建.湖南省高职教育参与区域经济协同发展成效评价研究 [J].长
  沙民政职业技术学院学报,2020,27（2）：65-67.

[72] 邵莉.高职教育与区域经济协同发展问题探析 [J].科技经济市场,2020（6）：
  141-142,160.

[73] 王梅.职业教育与区域经济协同发展策略探析 [J].科技经济导刊, 2020, 28
  （11）：127-128.

[74] 吴红翠,马莹.职业教育与区域经济发展之间的关系研究 [J].现代营销（经营
  版）,2020（4）：68-69.

[75] 宋吉庆.职业教育与地区经济协同发展对策的探究 [J].知识经济，2020（9）：98-99.

[76] 王继平，尉淑敏.职业教育标准生成机制的国际比较及启示 [J].教育与职业，2021（6）：27-34.

[77] 潘书才.职业教育校企合作的国际比较及经验借鉴——基于德国、美国、日本三国的分析 [J].常州信息职业技术学院学报，2021，20（1）：5-8.

[78] 徐国庆，陆素菊，匡瑛，等.职业本科教育的内涵、国际状况与发展策略 [J].机械职业教育，2020（3）：1-6，24.

[79] 王艳.高等教育区域结构调整逻辑及布局优化研究 [D].杭州：浙江大学，2020.

[80] 李佳婷.产教融合背景下福建省中职教育服务区域经济发展研究 [D].福州：福建师范大学，2019.

[81] 周俊.中等职业教育与区域经济协调发展研究 [D].桂林：广西师范大学，2018.

[82] 盛海霞.适应区域经济发展的中等职业教育对策研究 [D].长春：吉林农业大学，2018.

[83] 李瑶.京津冀一体化视阈下中等职业教育与区域经济协同实证研究 [D].天津：天津职业技术师范大学，2018.